徐兆寿 著

凉州的六叶花瓣

凉州文化论稿

上海人民出版社

关于凉州，我说了些什么

——《凉州的六叶花瓣》自序

2012 年起，从上海转身向西的一刹那，我没想过会在故乡凉州驻足这么长时间。整整十年已然过去，又要开始下一个十年了。那时，我完成了《荒原问道》，开始《鸠摩罗什》的写作。原以为只是在文学方面写几部作品，没想过会从学术的角度探讨这么深，深得再也抽不出完整的自己。

十年来，我写过很多文章讨论过凉州的文化，但从研究《易经》起，发现祁连山即是伏羲八卦中的乾山——关于这一点，《山海经》中有记述，《史记》中有辅助性的描述，最重要的则是古代天文学、地理学、生物学以及岩画、彩陶、玉石方面的证据，在拙作《补天：雍州正传》中有细述——然后就觉得世界突然间不同了，故乡刹那间有了神奇的生命力。整个世界成了一个整体，各部分相互协作，不可分离。这才是一个生生不息的世界。中国人的世界观与方法论在那时向我完全敞开。

很多人认为，搞地方文化没深度，不过是为地方经济文化建设搭台而已，其实不然，中国人的世界观与方法论不是像西方人的哲学那样可以凭空从生活中抽取出来的形而上学，而是在当下当地产生的形而上学，且形而下者之器之行为都可产生，说到底是道器合一，知行合一，处处有乾坤，时时有阴阳，可当下悟道。这是中国文化几千年不绝的原因之一。我由此也悟到司马迁走遍中国才能写《史记》的秘诀，就是把整个中国当成一个整体，而把整个截止到汉武帝时的历史当成一个阴阳调和、五行运转的历史，这便是"究天人之际，通古今之变"，凡事凡人皆有了正义，皆可评断。这也正是孔子的《春秋》正义。

从一定意义上讲，我在故乡凉州这里获得了一个与上古伏羲相通的世界观、方法论，这是故乡给予我的最大赏赐。但是，十年来，关于凉州的理解，一直处于变动不居中。一开始是从文学出发，太过感性，后来进入历史，由史料来佐证，似乎进入了实证，最后才进入天文地理的考古阶段，终于初步完成了对上古世界的整体性理解。但每次理解都似乎有对前一阶段的一些否定。所以，在这里收录的一些文章里，有一些观念或对史料理解不尽相同，甚至有相互抵牾之处。我本来是想修改成一致的，但在修改的过程中又想，何不保持其原貌，保持这样的缺点和逐渐完善的痕迹。于是便作罢，保持原貌。

特别要说明的是，将这些作品拉扯到一起，形成这样一本粗陋之书和格局，也并不能完满解释凉州。它仍然只是一个窗口，读者诸君可以由此进入，与我一道去从凉州窥探中国文化的根本。

就此打住。感谢我的学生们。他们整理了我一些粗浅的讲义，并为我拍摄了很多视频。很多时候，是他们给我力量，让我不停地从书斋里走出，走向原野，走进旷野，走进上古思想的风里。感谢上海人民出版社，使其面世。书是学者的生命，我贪图这生命。但我知道，这其实都是妄念。在宇宙的长风里，道法自然，天人合一，自在而快乐地有所为有所不为，才是正义。

2023 年 3 月 10 日下午于双椿堂

目 录

中篇　鸠摩罗什在凉州

下篇　出西北记

上篇

花开六叶的凉州文化

为什么叫凉州？

1

前一阵，新冠肺炎肆虐中国，但整个河西走廊极少，尤其武威没有一例。于是，网上流行一篇文章，名为《全世界有3个地方千年无蚊子生存，2处在中国》。后来这篇文章被删除了，我也不记得另外两处在哪里，总之有一处在凉州。我转发了此微信，并在微信上写下一段话：

其中之一说的是我老家凉州。此次瘟疫也无一人感染，道理其实很简单。凉州被命名为凉州，并非它很凉，而是在中国地图的乾位，五行上属金。当时汉武帝治国，用的是《周易》和阴阳五行学说，这便是三纲五常出世的原理，也是一些地方被命名的原因。霍去病打下武威时，要为它命名，先命名为武威，意为耀武扬威，但建郡时，正好武威在乾位，便定为凉州，而此地也刚好有寒凉之气候，互为印证。子鼠年为何常有鼠疫或其他瘟疫，是因为子年属水，极阴，极阴即极毒，这也是中医的学理。而乾为极阳，是其克星，故而无疫。但是，这说的是此地不会轻易出瘟疫，并非说其他地方的病人到凉州来也就好了，就没有瘟疫了。这是两个概念。此次没有新型肺炎病人，是因为防控得力。所以，武威人还是要严防死守，不敢松懈。

我的大学同学李亚梅说：你说得都对，可是这篇文章写的武威几千年来没有蚊子，我就不明白了，好歹我也在武威生活了五十年，有生之年几乎每年都被武威的蚊子咬，莫非武威的蚊子不是蚊子？

我笑道：哈哈，他们说错了，我说的是瘟疫。

于是在微信中展开了武威到底有没有蚊子和为何没有瘟疫的原因的探讨。很多武威人过去都曾被蚊子咬过，但我想了想，我家永昌镇那儿还真的没有蚊子，反正我过去是没有见过蚊子的，这几年天气热起来了，有没有我就不记得了，因为这几年夏天也没在乡下住过。

有一位朋友风趣地说，武威没疫情，也可能是这个地方听其名，正气十足，如铜墙铁壁，瘟疫绕而行之。

2

过了两天，又有一则消息讲武威的历史，便又写下一段话：

大前天发一微信，有一事没说清楚，特此再说明一下，以正此前不谨严处。前121年，汉武帝置武威郡和酒泉郡。十年后，从酒泉郡中分出张掖郡和敦煌郡，故有河西四郡。西汉元封五年（前106年），武帝设13州，故而有凉州，包括河西之地。整个河西，在地图上属乾位，乾在气候上代表凉，故曰凉州。此前，大禹置九州之时，整个河西属雍州范围。但在整个关于凉州的词条中，都把元封五年写成了元朔三年，大概是把前106年误认成了前126年，也就是把0认成2了，而前126确实是元朔三年。我查了很多资料，发现是谬误，一并改正。

但没想到曾任甘肃地方志办公室主任的大儒张克复先生也看了我的微信，他在微信下留言说：

教授好。关于凉州的叙述大误。这是今武威个别学人误解。两汉凉州州治都不在武威，凉州也不是武威。汉元封五年（前106年）设凉州刺史部，为监察区，治所陇城（今张家川县）；东汉演变为中央下一级政权，移冀（今甘谷县）；三国魏黄初元年（200年）方移到武威（姑臧），不过这时已是"小凉州"了。

这下闯祸了。历史就像是科学，是清晰的数学，而文学是艺术，是模糊的形象。我也只是随手一写，哪里认真去追究过具体的时间呢？想着有一日要做做这功课，但一直无缘去做。张先生认真了，我便觉得文字真不能轻易去发表。那时我正在写作《传统四讲》，没有时间去查相关资料，于是，便给武威的文史专家李元辉先生写信：

元辉兄：

　　别来无恙！

　　今日来信，是有一事请教。

　　大前天我在微信上发一消息，是说先有武威郡，后有凉州，这个肯定没问题。但我今天总觉得哪里不对，便查资料，发现网上说的凉州所设时间有问题，便查相关资料，发现时间错了。后又收到甘肃地方史志专家张克复先生的留言，说是错误了，我对张先生一向尊重备至，但即使如此，也不知是否乃一家之言，更觉网上有很多谬误，须纠正。现在大家对互联网已经习惯了，都通过网络查资料，了解一切，所以网上资料必须准确为上。因我正在写一本书，无暇去钩沉史料，便有求于兄。兄乃凉州史家，想必一定进行过非常严谨的研究，所以不管张先生所言如何，也想听听兄之见解。

　　弟还以为，这些问题必须有一个非常准确的回复，并能在网上发布，以正视听。不管怎么说，历史要尊重，是什么就是什么。所以求教于兄。如果兄与张先生所言皆是，弟便放下这桩心事，以后也能就凉州问题放心地说话了。

弟　兆寿　于兰州家中

2020 年 2 月 12 日夜

第二天，元辉兄回复：

关于凉州的得名，有两种说法。

一是来自清朝武威大学者张澍的《凉州府志备考》。《凉州府志备考》在《地理卷》里转录了东汉学者应邵《地理风俗记》的记载："汉武帝元朔三年（公元前 126 年），改雍州曰凉州，以其金行，土地寒凉故也。"凉州因此而得名。东汉刘熙的《释名》也说："凉州，西方所在寒凉也。"

二是来自《汉书·武帝本纪》，里面记载，西汉元封五年（公元前 106 年），"初置刺史部十三州"，开始把天下分为十三州，各置一刺史管理，史称十三刺史部。在甘肃范围内置凉州刺史部，驻武威郡，凉州因此而得名。《资治通鉴·卷第二十一》也记载，元封五年（公元前 106 年），"上既攘却胡、越，开地斥境，乃置交趾、朔方之州，及冀、幽、并、兖、徐、青、扬、荆、豫、益、凉等州，凡十三部，皆置刺史焉"。大意是，汉武帝已经驱逐了匈奴，消灭了南越，开疆拓土，于是设置交趾、朔方二州，以及冀州、幽州、并州、兖州、徐州、青州、扬州、荆州、豫州、益州、凉州，共将全国划分为十三州，全都设刺史。

两种说法都有据可查，从而产生理解上的分歧。持后一种说法的主要观点是，公元前126年，包括凉州在内的河西一地尚在匈奴的手中。而元封五年（公元前106年），汉武帝才"初置刺史部十三州"。也就是说，在公元前106年，汉武帝才把当时的国家行政区域划分为十三个州，怎么可能会在二十年前单独把雍州改为凉州呢？

争论无可厚非，但需要谨慎辨别，不要妄下结论，除非有铁证，不能轻易否定古代学者的记载。其实，汉武帝在分设天下为十三州之前，已经有过改名的做法，并非凉州一地。如《水经注·益州》条同样引用《地理风俗记》记载曰："华阳黑水惟梁州。汉武帝元朔二年，改梁曰益州。"

可见，上述分歧，并非对错之争，只是理解上的分歧。可以达成共识的是，元朔三年（公元前126年），汉武帝最早提出了"凉州"这个地名，但那时的"凉州"范围不包括河西一地，因为当时河西尚在匈奴手中。而公元前121年霍去病打通河西走廊之后，设置酒泉、武威、敦煌、张掖河西四郡，河西自然属于凉州管辖范围。元封五年（公元前106年），汉武帝正式分天下为十三州，设置凉州刺史部管理包括武威郡在内的河西。

元辉兄的回复使我对凉州一名的来历大体清楚了，但仍然有疑惑：张澍先生为什么说元朔三年已经建了凉州呢？难道东汉学者应邵有错误的记载？我想起扬雄有《凉州箴》，但仔细想想，扬雄出生于公元前53年，那时凉州明确设在武威也已经53年了。

此外，张骞出使西域是什么时候？他回去后是怎么样描述河西之地的？有没有影响对凉州的命名？张澍是历史上凉州府武威县人，乃晚清享誉西北的大学者，一生著述甚丰，研究广泛，连张之洞《书目答问》中都称张澍"才气无双，一时惊为异人"，据说鲁迅在辑佚方面也受张澍先生的影响。这样一位严谨的学者怎么会把时间弄错呢？更何况他用的是前人的说法。

一查资料，果然，张骞从公元前139年从长安出发，两次被匈奴所俘，但始终持节不移，于公元前126年一月返回长安，历时13年之久。张骞给汉武帝描绘了一张世界地图，分别讲了河西匈奴、新疆乌孙和居于中亚西亚各国的情况，距离多少也讲得很清楚。他还说黄河的源头在新疆于阗的南边。于阗东边的河水都向东流，注入盐泽。盐泽的水在地下暗中流淌，它的南边就是黄河的源头，黄河水由此流出。那儿盛产玉石，黄河水流入中国。这些内容都被司马迁记在《大宛列传》中。所以，汉武帝后来把昆仑确定在新疆和田一带的天山，大概就是因为这个原因吧。

此时，我们再一次请出扬雄的《凉州箴》来看，就会看出一些端倪来：

　　　　黑水西河，横截昆仑。

　　　　邪指阊阖，画为雍垠。

每在季主，常失厥绪。

上帝不宁，命汉作凉。

陇山以徂，列为西荒。

南排劲越，北启强胡。

并连属国，一护攸都。

　　意思是曾经的雍州地界一直到了黑水，也就是敦煌一带。黑水有很多种说法，但人们总是忘了紧接着就有"横属昆仑"这一句，合起来看，肯定在河西的西端。雍州这一带很大，过去包括内蒙古、陕西、宁夏、甘肃、青海的很多地区，甘肃、宁夏所有地方都在其中。《汉书·地理志》上说："正西曰雍州；其山曰岳，薮曰弦蒲，川曰泾、汭，其浸曰渭、洛：其利玉、石；其民三男二女；畜宜牛、马，谷宜黍、稷。"它是大禹卦分九州中的西方。但是，《汉书·地理志》中西北位一直空着。在五行中，西方为兑、西北为乾，同属金。如果按《周易》八卦来说，乾为君，也为王，乃深秋季节。此时，天帝一直不宁，令作凉州，所以从雍州中分出凉州，也就是西北位终于落实了。凉州的重要意义在此。有了凉州后，君位的乾方安定了下来，整个国家就安宁了。

　　汉代是最为重视《周易》和阴阳五行学说的时代，三纲五常就是从三才思想和阴阳五行学说中诞生的，五经博士首先要学习《周易》，《周易》乃群经之首。当代的京房还在文王六十四卦上加了天干地支和六亲，使《周易》更向科学靠近了一步。朝廷在很多方面都在用《周易》和阴阳五行学说。

所以从这些方面来讲，也有可能会在公元前126年这一年，在张骞从西域回来的这一年先设凉州。李元辉先生讲在公元前106年之前也存在把梁州改为益州的情况。那么，是否存在把古雍州先改为凉州的可能呢？

3

还有一种情况值得去思考。公元前121年，汉武帝置武威郡和酒泉郡。十年后，从酒泉郡中分出张掖郡和敦煌郡，故有河西四郡。那么，在此之前武威郡和酒泉郡属于哪个州？后来的四郡又属于哪个州？如果它们也属于凉州，那么，就可以肯定在公元前126年已经设立了凉州。

经查阅资料才得知，也如同张克复先生所言，最初的凉州非常之广，比今天的甘肃要大，且州治似乎也不在武威郡。此时的凉州是大凉州，但已经比古雍州小得多了。在设置的时间上也是颇有分歧。《史记》和《资治通鉴》中也不一样。《资治通鉴》中记载的是公元前115年设立的武威郡，并非前121年。不看史书不知道，一看真是吓一跳。这下可麻烦了，必须得啃史书了。

4

有朋友听说我在写《凉州传》，便送给我他珍藏的一套《甘肃通史》，是2009年出版的，由刘光华教授任主编，共有8卷，其中当代史未见。每天夜里睡觉前和早上醒来，我都要翻阅一阵这些史书。当我大致阅完汪受宽先生著的《秦汉卷》时，心里泛起了无限的惆怅。里面对汉时设立河西四郡的时间、范围等进行了新的归纳，也有一些新见。最有看点的是这一章的作者（后记中说这些每一章并非汪先生自己所写，而是由别人撰写，他在后期进行了修改）统计了《史记》《汉书》《资治通鉴》《资治通鉴考异》《通鉴》（胡三省注）、钱大昕《廿二史考异》、吕思勉《秦汉史》、翦伯赞《秦汉史》、范文澜《中国通史简编》以及劳榦《居延汉简考证》、黄文弼《西北史地论丛》、周振鹤《西汉河西四郡设置年代考》等著述中的观点，可以看出，每个史家都有自己的认定，并没有定论。

早先我家里有一本薄薄的《武威简史》，是1982年由地方县志编写委员会编写，以内部资料出版发行的，印了5000册，很快销售完了，1989年再版，用最新的考古发现更正了其中的一些史论。里面明确讲武威郡与酒泉郡是公元前115年（元鼎二年）设置的。那一年，张骞第二次出使返回，武帝先设了武威郡和酒泉郡。公元前111年，即元鼎六年，又从武威郡中分出张掖郡，从酒泉郡中分出敦煌郡。

这些知识的确立肯定不是某一个人所为，定然是有过大讨论的，因为这说法已经否定了清代张澍的论述。张澍认为是公元前106年（元封五年）设置的武威郡。如汪受宽先生的《甘肃通史·秦汉卷》中所述，他的合作者已经把几乎所有名家关于河西四郡设置的时间都列了出来，但看不到元封五年这个时间点。当然，我也在《甘肃通史·秦汉卷》这部著作中没有看到有人统计过《资治通鉴》说武威郡于元鼎二年立这个情况，只有蒯伯赞的《秦汉史》中采取了《资治通鉴》的说法。这也说明《甘肃通史·秦汉卷》的统计并不完全。

这使我开始恍惚。夜里两点醒来，仍然在各个时间点上徘徊。半夜里又光脚去书架上拿出那本薄薄的《武威简史》，再看前言，确认凉州前贤李鼎文先生不仅是参与此册最后的校订，而且里面写得很清楚。"西北师范学院副教授李鼎文、陈守忠……挤时间阅读了稿本，提出了宝贵的修改意见……特别是李鼎文先生，花了很多时间和精力，翻阅了不少资料，为我们作了订正。"从某种意义上说，不仅是很多人在史书上找不到张澍先生所讲的元封五年的说法，而且我所尊敬的李鼎文先生也如此否定了张澍，而同意于公元前 115 年（元鼎二年）设立武威郡。我甚至想，这个时间很可能就是李先生自己的想法，采纳的是《资治通鉴》之说。

放下《武威简史》，我又开始思考，为什么张澍认为武威郡的设置是在公元前 106 年（元封五年）这个时间点呢？《资治通鉴》记载，那一年，武帝在全国设立了十三刺史部，凉州在那一年是明确地出现在历史上，但并非也是设立武威郡的时间。这两者恐怕是有所混淆了。但他为什么认为凉州又是公元前 126 年（元朔三年）就设立的呢？这恐怕有他自己的说法。那么，到底是什么样的说法。

5

辗转难眠之中，又打开灯，看手机上的微信，忽然发现有人深夜在发《金刚经》的内容，又读一遍《金刚经》，知道自己有些执着了。具体哪一年哪一月，对于当今的人们又有什么重大的意义吗？正如《甘肃通史·秦汉卷》中说，有学者仅仅以史书中记载的设置金城郡时有从"张掖郡中分出二县"属金城郡，就可以完全推翻过去的史家，而以为张掖郡早于武威郡。这多少有些荒唐。又，即使张掖郡早于所有各郡又有什么意义？即使确认了陈年旧说武威郡早于张掖郡和其他郡，除了一丝的"窃喜"外，还有什么呢？这一切相对于世间的真理、生死的轮回有什么意义吗？

便明白自己是住相了。这样一想，便觉上述问题皆无意义，心中一片空茫，不知不觉中，竟渐渐睡着了。但第二天醒来，又是一个住相的世界，又得去继续书写《凉州传》。也知道真的要治史，还得去读原著，于是便去翻古书。

有一个发现是令人惊奇的。雍州改为凉州后不久，凉州中又分出部分地区和三辅地区，将其并称为雍州。为什么还要有一个雍州呢？我未想明白，这也是我后面需要寻找的答案。

再后来，凉州又分为凉、秦二州，此时已至曹魏时代，凉州才变小，但仍然比今天的河西走廊要大，州治才到武威郡的姑臧县。西晋末年，张轨入主凉州，文化从中原注入凉州，才发生了质的变化，这就是张轨大兴儒家文化教化，使凉州从有蛮荒特征的古雍州慢慢缩小成了有文化质感的河西走廊为主要区域的小凉州。

文化凉州由此确立并持续到后世。世谓此五凉文化。

6

司马迁写《史记》是要"究天人之际，通古今之变"。什么是天人之际？《史记·太史公自序》中说得很清楚，司马迁家族世代为天官，是掌管古代天文学的，也就是星相学。星相学是什么？就是古代的《易经》、五行学说以及天干地支等学说的来源，所以，《史记》有完整的天人合一的世界观，自然也有其方法论。如果不懂这些，看《史记》就像我十几岁时只能读点有趣的故事而已；如果不懂这些，就像我二十岁左右听古典文学的课程一样，学的是其中的修辞和性情；如果不懂这些，就像我三十多岁时爱好历史而去看何时何地发生何事出现何人一样，是一种碎片化的知识。但如果懂了这些，就明白司马迁所写历史是在写一个完整的中国古代历史，是在建构世界观和方法论。这就是教化之经，上承孔子的"六经"思想，下启两千多年封建帝制的道统之学。他绝非简单、平面地描绘他所知道的历史知识，而是站在圣人的高度去教化大众，所以这是圣人之学。要理解圣人之学，若非圣人，又怎能体会其中的大义，只能望文生义罢了。

当今的文学家们也不太在意这些。即使有三四流的网络文学爱好者一时性起，编一些当时的百姓日常，树几个人物，穿插一些故事，有一声鸡鸣，附以几声狗吠，但又往往不愿花费精力去钩沉历史，还原历史的真相，更不会心存敬畏之心，认真善待每一个人物和每一个历史故事，使其劝善抑恶。当今的文学家们，都是自然主义者也，持人性至上论。但何谓人性？是其物性？其情欲？还是与大千世界和谐相处的善意？是独发其个性？还是在整体性下的个性相处？何谓大自在？何谓从心所欲而不逾矩？这是当今的文学家们所尽力回避的。文字从立世以来，即为传播人类之思想而延续，但圣人之教为最高旨意。唯此，人类思想才求同存异，走向大同，反之，则人心动荡，世界动乱，个体命运不定，人世浮沉不已。今之文学家，都希望文学史上有自己，都喜欢创建异想，故而多从西方接引异见，久而久之，对传统的史观、世界观和方法论便陌生了，甚至无法理解了。再加上文学与史学之分野，文学渐渐面向当代人生，面向无端之虚构，面向混沌之人性，而失去了质实。

所谓文化，并非发现了某些历史的残简断垣，知道了那时建了什么学宫和官制，有何种政治生活和经济制度，而是要复活那个时代的生活日常，看见他们的苦和乐、言与行、情和爱、生与死，看见他们何以相爱、赴死、复仇、和解、自由、自在并死亡，看见他们被什么束缚、为什么痛苦、如何获取利益、如何面对名利祸福。我们从中可以获取精神的营养，可以延续他们的精神生命。这便是文化的历史。

所谓文化，应当是聚合天地人为一整体，融合人类所有知识于一体，从而构成的一种可以应用于人类生活的思想、观念、制度、语言、礼仪、风俗等的综合体，可以贯穿在人类的呼吸之间和行为之中，与人类密不可分的精神产物。现在的历史，往往勾画的是文化的骨骼，没有血肉，而恰恰相反，现在的文学，往往虚构的是文化的血肉，少了骨骼。假如它们重新结合，回到《史记》的范式，回到孔子讲的文质彬彬，则回到了文化的整体性，自然也就回到了圣教。

　　所以我总是妄想，如何以圣人之教来重新梳理甚至构建一座新的凉州，而这样的凉州，也许才是我们真正愿意看到的凉州。它将是活着的凉州，是物华的流转和精神的流变交织中的凉州，是有烟火的凉州，是有人的凉州。是的，亲人般的凉州。

　　这样的凉州，才可以称为家园。

凉州：文明交汇的十字路口

1

一般来说，渡过黄河，往西之广阔山河，皆为凉州地域。这说的是文化凉州。

或者说，从靖远或景泰的古渡口过河，便可以跃马西域和北漠了。往西，全都是凉州地域。即使在我生活的当代，二十年前，武威管辖的地方远至靖远和景泰，我们村子里总是有人会去靖远煤矿当合同工。而我的那些堂兄堂弟们，往往摇着火车踏上漫漫西路，去新疆打工，却不肯坐三个小时的汽车到兰州来打工，问他们为什么，他们说，兰州太远了。这话定然不是真的，却是老辈人传下来的古话。

这是以黄河与乌鞘岭为界。在遥远的过去，凉州人一旦有难，都往新疆去，而新疆人也往返于凉州。还是游牧时代留下的古老心辙，至今未能变。传说霍去病第一次征伐匈奴，是从靖远一带的渡口登上河西之地的。这是越过黄河。第二次征伐匈奴则是从兰州渡河，跨越乌鞘岭而突降奇兵、大破匈奴的。这是越过高山。故而河西之历史，从霍去病开始有了鲜明的记载。

三个概念诞生，河西、凉州、武威。

凉州，原是一个行政地区，但慢慢地，它成为一个文化中心，向着四方化之，四野便是凉州文化的属地。东至兰州、靖远，南至青海，西至新疆，北至大漠边缘。所以，历史地看，凉州已经成为一个文化概念或文化地域。无论我们是否愿意，在今天谈凉州文化，它必然会超越地界。凉州与武威不是同一个名词。

在武威谈凉州文化，即是从武威出发，将历史之风云重新聚拢，将文化之甘甜漫向四野。这既是对历史的尊重，也是今天武威重新看待自我与世界的一个开放的视野。

2

首要的问题是，凉州在先秦有什么文化？它在整个华夏文明的诞生、创造以及发展中起了什么样的作用？今天我们如何看待先秦时期凉州的文化与历史？

如果我们依循今天文化与史学界普遍运用的观点来看待凉州，则凉州在先秦是蛮荒之地，是暗黑的、未被开发的。即使是古羌族、月氏人、匈奴人长期生活于此地，它依然是未开化的。即使我们在凉州考古发现有磨嘴子的马家窑文化，皇娘娘台、海藏寺的齐家文化，沙井子、暖泉的沙井文化，但它还是只能证明从那时起凉州的先民就在此繁衍生息，而其文明形态主要是游牧文明，它离成熟的农耕文明还有巨大的距离。

我们会发现，在这里，我们依照了两种观念来判断凉州文化。一种是自中国古代就沿袭至今的中原文明中心说。这种观念是将中原文明视为正统。但考古发现，中原文明形成之时已是原始文明后期，也就是说先民们从黄河上游逐渐向中下游迁徙的时期。甲骨文、青铜器等都证明了这一点。但是，陶器的发现，尤其是马家窑彩陶的出现，以及农作物的考古现状一次次告诉人们，在黄河上游和广阔的西域世界，曾经存在过先于中原文明的先进文明，而神话诞生于昆仑之巅的观念进一步将史前文明的中心向着黄河上游和西域推进。《山海经》《禹贡》等典籍中的九州之一的雍州本在早期华夏文明的版图之中，而到了周至汉时却已是月氏、匈奴之地，这也从一定程度上说明华夏文明的中心一直在从高原上向着黄河中下游位移。故而这种传统的观念在各种考古发现中已经慢慢地站不住脚了。它需要纠正自己。同时，黄河上游和西北之地的历史文化则需要重新"发现"和解释。

另一种是西方文明的文明定义观念。西方的历史学家对古希腊文明的特征进行总结时发现，它有三个主要特征：一是有文字，它代表了文明的形态进入史的记载时期；二是有铁器，它代表了人类的生产方式进入了农业时期，同时也说明战争进入冷兵器时代；三是有城池，说明人类开始聚居于一起，于是就会有礼仪等各种制度诞生。后来，西方学者将此三个特征变成衡量一个地方的文明是否进入文明时代的必备条件。于是，所有的游牧民族聚居地几乎都无法具备这三个条件，即使是进入文明时期，游牧人依然没有城池。同时，中国人也无法证明自己的历史有五千年之古老。这个文明的定义变成了西方文明之外的文明之痛。依照这种观念，曾经游荡于中国北方和西方的游牧文明就成为历史的过客，而凉州在先秦之前恰恰处于这样的"黑暗"时期。现代以来，伴随着这样的所谓的"世界文明"的声音，中国的文化学者进入了两种桎梏：一种是打着开放引进旗号的自由主义观念，基本上完全接受西方的所有观念，美其名曰"与世界接轨"，不再顾及中国文化是否存在，甚至于全盘否定中国传统文化，而移来"先进"的西方文化拯救和发展中国，使全球一体化。另一种是保守主义，要么打着固守中国传统文化的旗号，要么打着马克思主义的旗号，反对一切西方文化，自说自话，只说自己的好，与整个世界对立。这两种观念显然都是走了极端。于是，便有了第三种观念，即在继承发展中国传统优秀文化的基础上，吸收一切外来文化，尤其是西方文化。马克思主义的中国化属于此，但它也走了一段曲折的探索之路，直到中共十八大以来确立了将马克思主义文化与中国传统文化相结合，同时，吸收人类一切优秀文化发展社会主义核心价值观。这是符合历史和文化发展规律的，同时也是今天整个人类发展所需要的胸襟，但这条道路依然很漫长，需要几代人来实现。鲁迅的拿来主义从本质上也属于此，是"拿来"而用，并非全盘照搬，与胡适是有区别的，但它给后世的影响似乎是反对一切传统文化而热烈迎接西方文化（原俄罗斯文化和日本的东洋文化从本质上都属于西方文化的范畴），故而鲁迅的遗产也是需要重新分析和判断的。新儒家代表学者钱穆的观念也是第三种观念的一种。他是站在中国传统文化的基础上，然后吸收世界优秀文化重新对中国文化进行论述的。当然，从现在来看，他对西方文化的吸收也只是很少的一部分，这说明他对西方文化并不是很熟悉。唐君毅等新儒家的世界主义是值得去重新研究的。

钱穆先生谈文化，别开生面，为中国乃至世界重新研究文化开了新的界面。他是受到西方文化的影响，尤其是进化论思想的影响而生出新的研究方法。他是从地理环境学的角度出发而进行研究的。表面来看，这是进化论的思想，其实从他的各种论述来看，则仍然是一种整体性论述，只是地理环境学的视角恰恰与中国天人合一的生态思想相吻合，所以，这种思想便也有了世界性。他全然毫无欧洲中心主义的观念，而是代之以世界主义的包容心而进行的一种全新的观念。钱穆先生讲，从人类生存的地理环境来分析，人类文明不外乎三种。

一种是游牧文明。其"逐水草而居"，哪里有水草，便往哪里去，若是正好碰上别的族群在那里，便进行争夺。这确乎又是进化论式的人类战争。所以造成了游牧人"内中不足"的文化心理，他们急需安定，急需"流着奶与蜜的故乡"。一部《旧约》就是一部希伯来人不停的迁徙史。他们从美索不达米亚平原上的乌尔出发，不停地漫游，依照着亚伯拉罕的神"上帝"的指示而向着迦南之地而去。在漫长而艰难的迁徙中，他们与所有游牧民族一样，形成了游牧民族早期的思想，不停地要思考"我是谁""我从哪里来""我到哪里去"等问题，形成了人类最早的哲学思想和一些信仰。人类的记忆基本上都是从这个时候开始的。从世界各地游牧文明的特征来看，其为人类文明提供了原始信仰、星象学和一些地理、自然知识，甚至最早的文字。但由于他们是"逐水草而居"，且有万物崇拜的信仰，所以不大重视修筑城池。

　　第二种文明则是前面述及的农耕文明。地球经历冰川期之后便进入海洋时期，然后海洋慢慢退却，高原突出，森林诞生，人类便开始繁衍。大洪水时期正是海洋退潮之时，人类各地的史诗都记载了这一时刻。人类正是在这一刻进入文明时代。农耕文明大都是在大河边的淤泥（陆地）上诞生，气候宜人，且能群居和复制农业。它第一次使人类有了安居乐业的生活，所以礼仪、文字、陶器、铁器、国家等逐渐诞生，但与此同时也常常会遭遇外来侵略，所以战争不断。因为安定，所以形成了中庸思想、轮回观念和道法自然的思想，但同时其自身的弱点也慢慢出现，坐井观天、夜郎自大、小国寡民、安逸自在、不思进取等文化上的弱点很容易形成，而这也正是其容易被外族打败的原因。

　　第三种是海洋文明。因为在岛屿上生存，耕地极少，也存在"内中不足"的困境，不得不向海洋索取，战争频仍，所以每个岛屿的人类早早地积聚在一起，形成国家，发展商业和农牧业，并不停地寻找新的殖民地。

　　钱穆先生在分析了三种文明后认为，游牧文明和海洋文明因其内中不足，在文化心理上形成了一种极强的侵略性，而农耕文明则容易满足，自给自足，乃人类追求的理想之境。游牧文明在后来基本上融入另外两种文明中，停止了其迁徙的脚步，而海洋文明则不断壮大，与其他文明不断融合，在地理大发现之后开始进入殖民世界的进程，成为当今世界最为强势的文明。古代四大文明古国因皆为农耕文明，在后来的演进中，只有中华文明在与游牧文明的不断融合中保持了其主体特征，其他几大文明则消失或中断于游牧文明和海洋文明的冲击中。

之所以进行如此冗长的论述，是要对凉州先秦早期的文明进行一次新的考察和论述。

3

历史上，对凉州进行最为确切而生动的记载基本上是在汉武帝时代，也就是霍去病两次与匈奴大战之时。我们可以清晰地看到，在霍去病跃马河西之时，整个河西地区皆为匈奴人的草场，属于游牧文明。那么之前呢？学者们发现，除《禹贡》和《史记》中记载其为九州之一的雍州之外，其他的内容便语焉不详。学者们在论述先秦时期的凉州文化时往往被"雍凉"二字所困，基本上无法揭开凉州的真面目。如果我们放下固有的中原文明中心说和欧洲中心主义的史观，那么，我们就可以依循历史的一些星光来重新演说中国西北部的历史。从今天来看，全球化的路径主要是以海洋为场域的，但是，在北宋之前，甚至到了蒙元时期，中国面向全球发展的路径还是古老的陆地。古丝绸之路是重要的历史向度。顺着这个路径往后看，凉州及其广阔的河西走廊便成为中国发展的重要地区。很多人以为，丝绸之路的开凿是汉武帝时代的事，先秦之时毫无作为，这都是中原文明中心说导致的误区。事实上，无论是汉武帝之后还是之前的中国，其自身的发展和与整个世界的交流，西北的草场仍然是古老的通道和场域。

神话是一个国家和民族最早的史诗与图腾。中国的神话起自昆仑。但昆仑到底在哪里？学界始终未尝有定论。自然也无法有定论。这与我们的文化观、历史观甚至政治观有关。

有一种观点认为，昆仑山指的是祁连山，而中国人的先祖燧人氏最早生活在祁连山。燧人氏开始观测天象，形成了最早的星象学。伏羲氏、黄帝之都据说最早都在昆仑之丘。但因为都是传说，史书上的记载玄之又玄，无法真正确信。如果我们把希伯来人的迁徙图以及月氏、匈奴人的迁徙图都看一下，也确信我们的先祖在那时最早也过着游牧生活的话，那么，我们应当要相信他们是不断迁徙的，但起点应当是昆仑，一如希伯来人是从乌尔出发一样。

有人说根据昆仑山的一系列记载，其与祁连山的部分特征相似，比如，《山海经》中记载"昆仑之北有水，其力不能胜芥，故名弱水"，比如《穆天子传》中穆天子所走路线确到过河西走廊，并称昆仑山上有玉，而祁连山上也有玉。还有如《史记》说黄帝西至空侗，而酒泉祁连山脉中确有一山名空侗。再如《史记》中所载尧、大禹所治天下最西边都是至于流沙之地，即尧流放三苗于三危，大禹所分九州之雍州之西至于黑水，所开九道最西至于弱水。因为这些原因认为祁连山之西有传说中的昆仑山，也是有一定根据的。当然，从现有的祁连山脉进行考察，很少发现对神山的崇拜遗迹。

另一说昆仑乃传说中的当今昆仑山脉中的阿尼玛卿山等也有道理，至今当地人仍然有古老的崇拜，但是，那里又没有玉石。

三说昆仑山乃今天新疆和田县的南山，山上不仅有瑶池，山下还有一千多公里的和田玉，汉武帝将此封为昆仑。这可能是后来人们普遍能接受的一种说法，但到考古学兴起时这种说法又被学者们怀疑。不管怎么说，这些传说都有一定的道理，也可能是根据不同年代人们在不同地点对昆仑山的记忆而形成的。

如果说传说中的昆仑山乃昆仑山脉中的某个"神山"，那么，可以断定我们的先人基本是从两条路线迁徙的。一条是沿着黄河迁徙，这与希伯来人的迁徙有类似之处。第二条是从新疆沿着草原迁徙，而祁连山北麓的河西走廊以及其东北景泰、靖远、银川、内蒙古等地和西北的新疆基本上属于广阔的草原。这是游牧民族最大的草场和王国。这可以从月氏、匈奴的迁徙图和自夏以来九州之一的雍州的地理上看出来，也可以从后世北方少数民族在此呼啸聚居和迁徙看出来，甚至也可以从成吉思汗的铁骑行走的路线图看得出来。所以，从昆仑山脉上迁徙至祁连山脉也是顺理成章的，是符合地理纹脉的。至今，在祁连山南边的一些山脉中仍然有昆仑的崇拜遗迹。

故而，我们可以得出一个结论，到了《山海经》《穆天子传》《禹贡》《史记》等这些古籍产生时，昆仑已经成为一个华夏民族的文化记忆，一个不停地被祭祀的故乡。这样，昆仑也便会有好多个地方，而传说也就会相互混淆。但从这些典籍来看，昆仑与青藏高原上的昆仑山脉慢慢地脱离了关系，代之以祁连山、于田南山、天山之昆仑了。但关于于田南山的明确记载一直到了汉代。从各种古籍中得以证明，九州之一的雍州之西界便是此地。

因此，我们从游牧民族的特征和人类学考古可以猜想，华夏族的先人定是从一个叫昆仑山的地方诞生并不停地迁徙，而《山海经》中的昆仑也可能只是迁徙过程中的一个居点，《穆天子传》中的昆仑不管是祁连山还是于田南山，抑或天山，仍然只是其迁徙中的一个相对长久的居点。试图将其固执地定位于阿尼玛卿山或祁连山或天山都是不可取的。至于这些地方的民俗、祭祀山祠等都会随着迁徙而迁徙的。此外，从如今人类学、语言学的考古发现，早期北方民族大多信仰萨满教，而信仰天则是其基本的信仰，匈奴和华夏民族都有对天的信仰，也说明其在文化上都有交融，或是有共同的出处。假如综合今天地理学、人类学、语言学、考古学及古籍所述，祁连山脉及其以北的广阔草场更有可能是我们先祖的游牧之地。

这是由祁连山和黄河决定的地理形态。这块地理自古以来就是一个整体。而从大禹分封的雍州将姑臧确定为州治或政治文化中心之一就可以清晰地看出来，在此之前，在三皇五帝之时，姑臧就是这片地理的中心，而到夏之后的漫长岁月里，或名休屠、或名武威、或名姑臧、或名神鸟的凉州始终都是这一地理的中心。古羌人、月氏人、乌孙人、匈奴人以及许许多多在历史上未曾留下族名的民族都曾在此居住、繁衍和迁徙，他们基本上都将凉州作为中心之一。从昆仑山上迁徙而来的华夏各族一部分沿着黄河向中下游而去，终于在中原地区停留下来，另一部分则放牧于这广阔的原野，留下了古老的传说，西王母、黄帝、女娲、共工等神话都出自西北。

4

从《山海经》的传说来看，西王母是生活于三皇五帝时期，《山海经》中的西王母是"其状如人，豹尾、虎齿，善啸，蓬发戴胜，是司天之历及五残"，又云"王母之国在西荒。凡得道授书皆朝王母于昆仑之阙"。到《穆天子传》时，西王母已经变成一位美女："西王母为天子谣曰：白云在天，山陵自出。道里悠远，山川间之。将子无死，尚能复来。"甘肃省平凉市泾川县有王母宫，据传乃西汉时所建，为天下王母宫之祖庙，里面既有《山海经》中所描绘的形象，又有周穆王会见过的能歌善舞、居住于琼楼玉宇中的西王母形象。其实两者相差近两年。《山海经》中的西王母生活于昆仑山上，其形象其实是流行于北方游牧民族中的萨满形象。萨满是巫师的别称。萨满教是人类原始宗教的一种，曾流传于我国东北到西北边疆的草原地区的一种宗教，东北的鄂伦春、鄂温克、赫哲和达斡尔族到 20 世纪还保存着这一信仰。迟子建的《额尔古纳河右岸》写的就是最后一个萨满的生活。据人类学家考古得知，萨满教通行的地区东起白令海峡，西迄斯堪的纳维亚拉普兰地区，涉及亚欧两洲北部乌拉尔—阿尔泰语系各族。很显然，这种原始宗教是游牧文明的一种文化。而传说中的西王母"豹尾、虎齿,善啸,蓬发戴胜"不就是萨满巫师的形象吗?其掌管着不死之药。

说起萨满教,又不得不提另一个中国人的文化现象,即最早的天干地支的来源。据学者考证,最早的十干曰:阏逢、旃蒙、柔兆、强圉、著雍、屠维、上章、重光、玄黓、昭阳。十二支曰:困顿、赤奋若、摄提格、单阏、执徐、大荒落、敦牂、协洽、涒滩、作噩、阉茂、大渊献。后简化或转换为现在我们熟悉的天干地支:十干为甲、乙、丙、丁、戊、己、庚、辛、壬、癸,十二支为子、丑、寅、卯、辰、巳、午、未、申、酉、戌、亥。很显然,被简化转换的天干地支与我们的汉语是统一的,但原来的天干地支名称则是我们不熟悉的。这就使我们联想到一些传说,比如说燧人氏、伏羲氏、黄帝都在昆仑之丘观察天象,目前的天干的传说是黄帝命大挠氏观察天象而创。而原始的萨满教所说也有天干的运用,或者说,在原始萨满教中也有天干地支的命名。目前我们无法得知原通古斯语系和阿尔泰语系最早关于天干地支的称呼是什么,但从华夏族和当时西北方游牧民族共同使用天干这一现象来看,我们也许可以得出一个猜想,即我们的先祖在昆仑之丘时,是与北方游牧民族融为一体的,至少与西王母族是一体的。《山海经》和后世很多史料都证明了这一点。

那么,我们是否可以进一步猜想,那些我们至今没有任何解释的天干地支的称呼也许就是在昆仑之丘时就有的,也许它并非我们汉藏语系,可能来自原通古斯语和阿尔泰语。恰好与西王母有过交往的黄帝又命大挠氏来创立天干。大挠氏会不会是借用西王母（萨满）所正在运用的一些关于天干的知识或名词来创立的呢？如果是，那么，关于天干的创立就是我们先祖在与外来文化的交流中创立的，而非我们在当时凭空创立的。这是不是一种巧合呢？这种猜想丝毫不污辱华夏文明的尊严，相反，它给予华夏文明与整个世界交流的一个机会。进一步讲，华夏文明并非后世一些文化学家所讲的那样是封闭的，恰恰相反，中国的西北方，在伟大的丝绸之路开创之前，就一直是华夏文明与西北方游牧文明交流的一个大通道，而西王母便是一个最好的文化符号。

传说，黄帝之时，西王母曾经帮助黄帝打败蚩尤。《瑞应图》云：“黄帝时，西王母献白玉环。”到了尧帝时，“尧身涉流沙地，封独山，西见王母”（《贾子修政篇》)。《易林明夷之萃》又云：“稷为尧使，西见王国。”到了舜时，“舜以天德祠尧，西王母来献白环五块”（《尚书大传》)。可见西王母非一人，而是昆仑山上的一国之王。大禹时开九川，曾到过弱水流沙之地，将其以东至黄河之地封为雍州，大概也曾与西王母会合，但并没有在史料中记载下来。夏后期和商时以及周初，河西之地被西戎和古羌所占，再无西王母的记载。

直到周穆王之时，他才重新征西，获西戎五王，远至昆仑山，再与西王母会盟。如果按照昆仑在酒泉一带的祁连山的说法，那么周穆王此次征西，一是重新获得了尧与禹时的雍州之地；二是获得了当时的祭祀用品玉器，开通了玉石之路；三是与西王母会合，求长生不老之药，且与其结盟，开通与西域世界的通商之路。

如果说昆仑在于田南山，那么，周穆王也必定要穿过千里走廊，到遥远的新疆去寻找西王母。从后来汉时月氏人的游牧图来看，敦煌和新疆地区曾长期为其所据，进一步说明其实河西走廊与新疆仍然属于一个地理文化板块。此时的西王母住在琼楼玉宇，能歌善舞，且有美酒美颜，但她与《山海经》中的西王母已经有了近两千年的距离。泾川王母宫将两种形象都雕塑了出来，但其实两个西王母相距将近两千年。

穆天子之后，西王母便只是生活在传说中，后世再没有出现过。似乎是西周末年，西戎再次脱离周王室。秦便是在收编部分西戎后发展起来的，但是河西之地并未在其范围之内。此时，河西之地是狄戎和月氏、匈奴人的游牧之地。

穆天子之后近千年时，汉武帝再次出兵，将匈奴大败于漠北，并将汉人移居于河西，连同戍边军队一起开垦此地，将河西人的生产方式转变为农耕文明。汉文化也由此传于河西，从此，河西之地才真正地成为中原农耕文明的一部分。汉武帝也与穆天子一样巡游各地，向西则游到空侗山，并将此处的王母宫封为天下王母崇拜之祖庭，将新疆能产和田玉的山命名为昆仑山。他的这一命名，不仅把华夏文明的版图明确扩大至新疆的和田，同时，也将西王母明确为华夏族人的先祖。也就是说西王母族人曾经生活在凉州以东的平凉泾川，那里在当时也是游牧文明的边地，而其西边则至于新疆的于田一带。平凉泾川属于雍州。所以，在先秦，凉州一带的文明始终以游牧文明为主，主要居住着古羌人、狄戎人。农业处于萌芽之中，有的学者考证西王母国是古羌国，但他们后来被月氏和匈奴所冲击，消失在历史之中。

现在让我们回头再来考证一下雍州与凉州的关系。《禹贡》和《史记》皆曰："黑水西河惟雍州。"此乃夏禹所封之九州之一，包括今宁夏全境及青海、甘肃、陕西、新疆部分、内蒙古部分。可见，整个西方和北方的游牧之地都是雍州之地。但到了商和周时，雍州就很小了，黄河以西的河西走廊及新疆不在其疆域之中，秦始皇统一六国时，陇西郡也不包括河西地区。说明在这段时期，河西之地一直被游牧民族统治。一直到汉武帝大败匈奴时，凉州及河西地区以及新疆地区又归于一统。

此时，便是霍去病跃马天山之时。当十九岁的霍去病在休屠城获得匈奴的祭天金人时，就已经取得了决定性的胜利。有学者考证，休屠城在今武威城和民勤城中间的四坝乡。但另一说是休屠城即今天的凉州城，又名姑臧城。姑臧也是匈奴语，此城亦为匈奴人所筑。匈奴人把其北边的沙漠和戈壁都名为腾戈里，将南边的山命名为祁连。腾戈里和祁连都是天的意义。匈奴人的信仰仍然是早期的萨满教，对天的信仰是最高信仰。夺得祭祀法器后，霍去病长驱直入漠北，在今蒙古的狼居胥山举行了祭天封礼，在姑衍山举行了祭地禅礼，立碑纪念，兵逼瀚海，将匈奴对华夏的威胁彻底荡除。

然后，汉武帝在河西设四郡，武威郡始。武威，意即耀武扬威之地。此后经年，扬雄在重新体会武帝之雄之后作《十二州箴》，后又将《雍州箴》改为《凉州箴》。

凉州从此开始。当然，此时的凉州仅仅只是一个五行中的属性而已，其地很大，相当于过去的雍州，但又不同。从汉武帝以来，凉州的地理位置在不断地发生变化，它还仅仅属于一个行政区域。直到三国魏晋之时，特别是窦融、张轨治理凉州后，真正的凉州才诞生。

此时的凉州便属于文化意义上的凉州。

5

中国历史，从文化的角度大体可以分为三个阶段：第一阶段为秦之前，即先秦阶段，属于中国文化的政治制度创立阶段。神话繁衍，诸子兴起，百家争鸣，疆域扩张，礼制草创，文化始创。孔子将夏之前的历史视为公天下，夏之后的历史视为家天下。今天的历史学家也认同此说。第二阶段为秦汉至清末，属于大一统的封建制。武帝时，采用五经博士董仲舒的思想，以儒家为纲集百家之长而息五百年来诸侯争霸、百家争鸣之乱；以天人感应学说创立政体，君权神授，朝纲确立；以三纲五常匡正君臣伦理、家庭伦理和人的道德伦理；以五行学说演化天地四方，道法自然，使农耕文明完备而大兴焉。此后两千多年，皇帝轮流做，但政制、人伦未尝变也，此所谓"天不变，道亦不变"。武帝和董仲舒之功，历史并未给予中肯的评价。他们在先圣基础上创立的政体人伦不但使中华文化源远流长，而且包容并蓄，自成一体，所谓"崖山之后无中华，明亡之后无中国"和清史研究中的种种异端邪说以及近现代以来对中国传统文化的灭绝论，不过是不明文化之真相，试图斩断中华文脉而已矣。从华夏之初起，中国便是一个汉文化与北方、西方游牧文明融合的帝国，中华文明更是一个以汉文化为主，不断融合各种文化的大海，岂是简单的原始血脉论能断流的！第三个阶段为新文化运动至今的现代中国阶段。进化论、唯物论与西方文化、科技引入，天道始变，人道亦变。中国重新进入公天下的演化阶段，现在仍在创立阶段，各种艰难可想而知。

自夏始，中国进入家天下，国家控制在血缘关系之下，但是在此之前尧舜的禅让制沿袭了一种圣贤为王的习气，若是再说得好一些，就是德才兼备者得天下。禹之儿子夏启之后成为世袭制，且此种世袭制与之前的禅让制的最大区别在于血缘内部争权夺利，相互杀伐。商也未能例外。周公试图减少这种杀伐和混乱局面，于是确立了宗法制，其中，男尊女卑和长子继承制由此开始。它不但在政治上明确规定女子尤其是后宫不再参与政治，在家庭内部男人为家长，且长子为家长、族长、诸侯之长和天下继承人。这种在夏和商的经验之上确立的礼制在周时已经被确立。但是，西周末年，天子弱，诸侯强，于是出现诸侯争霸的政治局面。同时，天子之礼乱，人心乱，于是，诸子崛起，纷纷立说，人心始乱。后世不断有人美化诸子时期，殊不知那正是民不聊生的乱世。世人美化民国时期大师辈出，却不道当时军阀混战，民生极艰。为强调一点，却置生民于不顾，此种论点实为诛心之说。事实上，从文化和人心的角度来讲，用《易经》的道理是最能说明问题的。家天下的极端便是专制，便往往是只顾血缘关系的顶端，而顾不了广大的民间。于是，便出现两极分化，最终导致社会动乱。此时，各诸侯和军阀便乘机重新洗牌。这是历代皇室最终没落而新的王朝又重新崛起的原因。一阴一阳谓之道。皇室以万民为天，则是"地天泰卦"，天下平衡、稳定，若是皇室以自身的利益为根本，离百姓越来越远，便是"天地否卦"，两极分化，最终天下大乱。周幽王只为褒姒一人之笑而将天下于不顾，西周终亡。此后的西周便是诸侯争霸时期，也是诸子崛起之时。

周礼在西周时被废，孔子以为这是西周乱象的原因，故而逆流而上，冒天下之大不韪，尊周公而倡周礼。从根本上来讲，孔子从礼的角度只是讲了其外部原因，即要让诸侯对天子行诸侯之礼，社会各阶层行自身的礼，天下将治。整部《春秋》和《礼》说的就是这个问题。那么君王怎么做呢？仁者爱人，君王要爱惜自己的臣民。仁是道德内核，礼是规章制度，内外兼顾。然而，君王如何为民？君王与民的关系如何？孔子在这一点上论述不充分，但在后期对《周易》"泰卦"的论述中已经表明了态度。孟子则明确地解决了这一问题，"君为轻，民为重"，君以民为天。

然而，诸侯之旗烈烈，诸子之言灼灼，天下喧嚣，此起彼伏，你方唱罢我登场，何时为尽头？何时能安居乐业，自由自在地生活？故而强秦崛起，统一六国，中华一统，结束了诸侯争霸之乱局。但秦的问题有三：一是暴力统一下的国家内部存在着危险，这便是项羽所代表的力量；二是只顾自身家族的利益，不爱民，所以出现否卦所描述的现象，两极对立，民必将动乱，这就是陈胜、吴广所代表的力量；三是百家之书虽焚，但其言犹在，人心骚动，国家虽统一，但人心不服。在此三种力量在作用下，暴秦亡。汉帝国明白这一点，所以采用道家治国，修身养性，使民自治。结果呢，文景盛世埋下了新的问题：皇室中央的声音越来越弱，地方诸侯和豪强崛起，土地被兼并，大地主崛起，可国库空空，而且两极分化严重，国家面临动乱。如果我们总结前人的经验，那么，秦的胜利和统一六国是靠什么呢？主要是强大的军事力量，在治理国家方面则主要是法家治世。而汉初的文景之治使百姓富强，主要靠的是道家的思想。到了汉武帝时，这些问题都摆在了他的面前。更何况他在前面也主要是靠严酷的法家思想来打击诸侯豪强，吏治有了好转，皇家中央的力量也强大了，但是，仍然面临几个问题：一是如何真正地能削蕃，使国家长治久安，这需要一套制度；二是两极分化严重，民间面临动乱的可能，需要治理；三是匈奴侵扰边境，外患严重。

历史行进到这一步，自有其规律与命运。先前的思想都不灵了，怎么办呢？需要文化和制度创新。于是，汉武帝便向全国征求思想。董仲舒就是在这时候出现的。他也是应运而生。

董仲舒是五经博士，但他不仅通晓儒家的经典，而且还通晓百家的言说。他的学生司马迁可证明这一点。司马迁在《史记》中暴露了他们师徒二人的雄心，他说，五百年出一个圣人，周公乃圣人，制礼作乐，天下安定了五百年，但五百年后礼崩乐坏，所以孔子出。孔子再一次崇周公之礼，至今又是五百年了。如今又是礼崩乐坏的时候，圣人快要出了。看得出来，他们共同崇尚的圣人仍然是周公，他们是儒家的传人。但是，他们不是原儒家，而是新儒家。儒家自孔子创立后的几百年来，经过百家争鸣，其自身的长短也被充分地讨论，同时，百家争鸣几百年，其各自的优缺点也突现了出来。董仲舒和司马迁所面对的时代再也不是孔孟的时代了。那时，诸侯争霸，百家也争鸣，如今，国家统一，思想还能出自百家吗？自然不能了。时代有时代需要解决的主题。于是董仲舒上书自己的新儒家思想，重提儒家和百家，但以儒家为主体为核心，其他思想只能依附于儒家，这就是罢黜百家，独尊儒术。司马迁在《史记》中进一步讲，儒家有自己的长处，但也有短处，其他各家也一样，所以取长补短，共同成就了一个大一统的新儒家。

他把儒家和道家、阴阳家等结合在一起，创立了新的礼制、君权神授说和天人感应思想。君权神授说一方面使君王的统治得到民间宗教、巫术的认可，巩固了皇权，但同时，天人感应说又限制了皇权，使"天"与"百姓"统一在一起，形成了君轻民贵的格局。新的礼制则是"三纲五常"。在朝廷，群为臣纲，这便是孔子所倡导的周礼。在父子之间，父为子纲，使上下伦理分明。在家庭和各种政治活动中，夫为妻纲，男尊女卑。在朝廷，夫人不能干政，以此彻底取消后宫专权的可能性，杜绝汉以来太后专权的种种弊病；在家庭，丈夫是家长，女人则是各种家务的执行者。周公的宗法制经孔子到董仲舒而得到了真正的制度性的继承和巩固。长子继承制也成为法典。而每一个人在社会生活中的纲常也得到了明确，这便是仁义礼智信五常。从朝廷到家庭到个人，都有了可以依循的纲常。

他又把儒家和法家结合起来，形成了"《春秋》决狱"的思想。此时的董仲舒已经不做官了，他也谨守礼制，从不妄谈朝廷大事，但是，汉武帝每逢大事都要请教他的意见，有人将此记录下来就成了"《春秋》决狱"的法治思想。在董仲舒看来，光是依靠商鞅以来法家治世，则人心依然未被教化，人只是靠外在的律法而约束，这是不懂大道的原因。他把农家、阴阳家等结合起来，形成了新的关于时间、耕作以及国家地理空间的格局。

凡此种种，足以说明，已经没有哪一种思想能够统摄当时的社会心理了，只能集百家之长形成大一统的思想，才符合当时的实际。而儒家思想因为是上承周公、孔孟，至董仲舒时已经上千年的传承了，其代表的也是上千年甚至可以追溯至伏羲氏，三皇五帝所创立的各种道德都在其承继之中，又怎能不是先秦上古中国历代先圣之治世之经验呢？故而其自然成为中国政治思想的核心部分，何况周公以来的礼制思想就是解决当时社会各种矛盾的重要法宝。

孔子的思想在此时得到了真正的继承和发展，而百家只能融合于儒家，这才是真正的罢黜百家、独尊儒术。如果说没有董仲舒这种兼容并蓄、包容合和的大胸怀，儒家便不可能在历史上壮大起来，也许就断流于汉代，百家也便不知如何发展了。如果没有汉武帝的雄才大略，不知哪一代帝王才能做到这种一统天下。吞并六国容易，但治理六国百姓的心则难矣。董仲舒与汉武帝做到了。后世帝王再无创新，只是继承这种体制与思想罢了。这既是后世中国少有思想家出世的原因之一，也是中国文化再没有断流的原因之一。五四时，人们并不知道董仲舒做了什么，也不去追问为何这么做，只是因为"罢黜百家，独尊儒术"八个字与西洋人提倡的民主对立而将其全盘否定了。一百多年来，也未曾有几人为董仲舒说句公道话。自然，也就没有对汉武帝和董仲舒公允的评价了。

6

如果说雍州更多地代表了当时中国西北方动荡不安的游牧文明，在自有神话开始至夏分九州，再至汉武帝西逐匈奴，它成为华夏文明与西域文明的缓冲地，时而是华夏地区的一部分，时而又成为西戎、月氏、匈奴的一部分，所以动乱频频，游民四荡，魑魅魍魉横行，"上帝不宁"，华夏不安，所以"命汉作凉"，"并连属国，一护彼都"，华夏从此安宁。那么，到了凉州之时，河西四郡的设立以及一系列移民、屯田政策，使凉州和河西逐渐变成了农耕文明，沃野千里，物丰民安，故有"金张掖""银武威"之美称。公元前102年，汉武帝再次派军攻破大宛城，夺得天马，终使西域各国低首称臣。第二年，武帝便在新疆的轮台、渠犁等地驻兵屯田，新疆大变。当新疆天山南北也开垦出万里碧野之后，凉州与河西的千里良田便成为连接中原文明和西域文明的重要区域。也是因为屯田等生产方式的改变和此后数百年中原文明的浸润，这里成为华夏文明向西传播的重镇。

当年匈奴浑邪王带领四万多人投降，武帝授予其封号，命其继续留守凉州，并与凉州的驻兵们一起开垦土地。世代游牧的匈奴人从此安顿下来，慢慢地将以游牧业为主的生活方式转变为农耕为主的生活方式。这些匈奴人便成为凉州人的先祖。而那些戍边的士兵不仅带来了中原一带的文明、习惯、风俗，改变着匈奴人的风俗习惯，还与匈奴一起杂居在凉州，一同再造凉州。因为没有了匈奴侵扰，凉州及整个河西成了中国最边缘但也最安定、富庶的地方。东汉凉州牧窦融的高祖父曾为张掖太守，从祖父曾为获羌校尉，从弟曾为武威太守，所以他了解凉州及河西之地，他对兄弟们说："天下安危未可知，河西殷富，带河为国。张掖属国精兵万骑，一旦缓急，杜绝河津，足以自守，此遗种处也。"（《后汉书·窦融列传》）所以他请人向更始帝刘玄请求镇守河西之地，得到允准。后在汉光武帝刘秀时又积极响应，大破隗嚣，又被任命为凉州牧，功封安丰侯。在窦融治理凉州的十多年间，他采取了多种政策，尤其是宽容的民族政策，使河西之地经济繁荣，民族团结，一时之间农牧业闻名天下。早在汉武帝之前，在月氏、乌孙、羌人和匈奴的经营下，"河西畜牧为天下饶"，武帝又大力推进农业。到了窦融之时，更是双向并进，既鼓励原来的一部分游牧民族继续发展牧业，同时在地方郡一级设"农都尉"，在县一级设"田吏"，积极推进农业。当时河西地区所种植的农作物品种多达二十多个，其繁荣与中原可比。当到窦融去洛阳晋见光武帝时，牛羊浩荡，蔚蔚壮观，世所罕见，仅拉车的马就达4000多匹。

在窦融为凉州牧时，凉州成为当时天下的商业中心。在丝绸之路开通之后，西域一带的小国都到中国来经商，除洛阳、长安之外，凉州当时是西域商人通向首都的最大都市。当时，其他地方的交易市场一天最多三市，但凉州因为商人众多，三市不足，只好开了夜市，独独凉州为四市。

窦融之后，对凉州作出大贡献的是张轨及其后人。此时已至魏晋。张轨与窦融来河西都有共同之处。窦融"图出河西"，一方面是其对战乱的避让，另一方面则是对河西的深刻把握。张轨本也是关陇籍人，对凉州及河西之地多有了解，另一方面在"八王之乱"后对动荡不安的政局也颇有规避之心，这可能是其受业师皇甫谧的影响，所以卜有一卦，名泰卦，再卜一卦，为观卦，喜道，可以去矣，于是上书要求去任凉州刺史。

张轨到，五凉时期启。

今日来看，张轨之所以开创凉州之治基本都是遵从了儒家的政治理念。首先是尚礼。《晋书》说张轨卜到泰卜和观卦后兴奋地说："霸者兆也"，当是以乱世贼者的心理来思忖的。张轨曾受当时大儒皇甫谧教诲，礼乐传统当然不可废。也是因为才学与德行受到贵族们的认可而被推举上去的。他到凉州后始终遵守着晋世之臣的礼节而不曾废，即使到死时仍然对后人叮咛："文武将佐咸当弘尽忠规，务安百姓，上思报国，下以宁家。"后世子孙基本上都遵守着这一礼节而不乱。这也许才是凉州中兴的大因。若是张轨据凉后有二心，则一定会兴兵作乱，凉州何有安宁耳？

有了这个定力后，他到凉州后做的第一件事便是"举贤良"，以忠、义、节作为选举标准，受到士子们认同，任用宋配、阴充、氾瑷、阴澹等名士为官，一时文人受到重用。第二件事便是办学校，"始置崇文祭酒，位视别驾。征九郡胄子五百人，立学校以教之，春秋行乡射之礼"（《晋书》卷86《张轨传》），学习礼仪和儒家经典，一时教育兴盛，文昌武兴。第三件事是收容中原及关中流民，包括大批士子。从"八王之乱"到"永嘉之乱"，北方受难，中州士人纷纷避难，逃至凉州，其中多有大户人家，于是，张轨便在武威设立武兴郡，专门收容这些中原和关中来的士人与流民，后又在西平郡（今青海西宁市）设晋兴郡，同样收容士人与流民。这些大户人家带来的不仅仅是财富，还有中原的文化。在当时，凉州独安一隅，成为天下福地。第四件事是大兴文化建设。有学者研究得出结论，张轨令主管文教的官吏详述凉州自建州以来的贤者，挖掘高才硕学的经史家，表彰为国殉义的烈士义民以及各种在道德方面可嘉奖者。凉州百姓对此皆为欢喜拥戴。第五件事是经营西域，使其成为凉州的附属地。早在三国曹魏之时，西域各国便是凉州的管辖之地，后来失控。张骏之时，凉州靠自身之力经营西域，实为艰难，但仍使西域各国臣服凉州，来献贡品。凡此五件事，一直持续到多代人，使凉州成为河西与西域的中心。

因为此，陈寅恪先生才在其《隋唐制度渊源略论稿》中述道："秦凉诸州西北一隅之地，其文化上续汉、魏、西晋之学风，西开（北）魏、（北）齐、隋、唐之制度，承前启后，继绝扶衰，五百年间延绵一脉，然后始知北朝文化系统之中，其由江左发展变迁输入者之外，尚别有汉、魏、西晋之河西遗传。"而"隋唐之制度虽极广博纷复，然究析其因素，不出三源……又西晋永嘉之乱，中原魏晋以降之文化转移保存于凉州一隅，至北魏取凉州，而河西文化遂输入于魏，其后北魏孝文、宣两代所制定之典章制度遂深受其影响，故此（北）魏、（北）齐之源其中亦有河西之一支派，斯则前人所未深措意，而今日不可不详论者也"。这是凉州文化第一次被史家如此中肯地评价。

其实，魏晋以来凉州边陲的这种文化之盛，除了张轨及其子孙后世几代的贡献之外，还有一个人的贡献也是不可低估的，那便是吕光。

7

吕光在正史中一般被当作晋朝的对立面来树立，其所在的前秦也被称为"伪秦"，故而历代史家从未将其贡献正面来评价。然而，在今天重新来看，他对凉州的贡献是很大的。吕光之前，前秦已经派大军收服凉州，结束了前凉张氏九代七十六年的独立经营权，使其臣服于前秦，但西域未服。这就成了前秦皇帝苻坚的一大梦想。

建元十九年（公元383年）正月，苻坚派大将吕光征讨西域，并迎接当时西域的思想领袖鸠摩罗什。前秦皇帝苻坚给了吕光七万大兵，可是，他走的时候，并非只带了大兵，还有很多谋臣，这些都是当时在长安的著名文人。史称，吕光率将军姜飞、彭晃、杜进、康盛等总兵七万，铁骑五千，以陇西董方、冯翊祁抱、武威贾虔、弘农杨颖为四府佐将。前面几位主要是武将，后面几位则主要是有名望的文职人员。这些人后来都成了建设凉州的重要士人。此外，吕光得西域诸国，东返时"以驼二万余头致外国珍宝及奇伎异戏，殊禽怪兽千有余品，骏马万余匹"，这是集西域诸国之宝。史官大概忘了，其实，吕光还带来了西域的歌舞，这便是发展到唐代时逐渐完善的霓裳羽衣舞。吕光所带来的七万大军，后来逐渐融入当地，这也是自汉武帝以来再一次以中原之血脉与凉州的多民族的大融合。

这里要讲一个史学家们未曾注意的问题。吕光在凉州遇到的最大困难便是遭遇儒家传统的反抗，频频屠杀凉州名士。我在拙作《鸠摩罗什》中重点探讨了这一点，也虚构了很多人物来反映凉州当时的文脉之盛。吕光来之前，张氏经营七十多载，重点是儒家教化，礼乐之道深入人心。换句话说，张氏九世一直奉晋朝为宗，其意识形态为儒家文化。吕光及其皇帝苻坚乃北方游牧民族，信奉的多是萨满教或佛教，在意识形态方面与儒家文化不同。所以，吕光到凉州后的最大问题便是与这种文化传统对抗和融和。对抗时杀了许多凉州名士，激起文人士子们对他的仇恨，这也是凉州士子们宁肯拥戴张轨第十世传人张大豫的原因。融和则是多方面的。一方面，他开始利用儒家的传统，起用段业等士人来维护其统治；另一方面，也以儒家的宗法制传统多用氏族人为官僚，抑制凉州本土人的势力。但到后来，在文化上还是基本上被凉州固有的儒家文化传统所同化。可见凉州文脉已盛已深。

吕光之后，北凉、南凉、西凉分别崛起。除西凉外，其余四凉都定都姑臧。张氏九代对姑臧的经营，使其在匈奴古城的基础上扩大了若干倍，成为当时整个西北最大最繁荣的都市之一。

北魏之时，凉州是除洛阳之外与大同并列的大都市。凉州人士不断被派往山西，比如修建佛寺就多用凉州人。这再一次证明，中国北方的草原地带与河西之地以及西域是一个整体。他们无论从哪里出发，黄河以西以北的草场都是他们驰骋的疆场。

唐时，帝国强盛，设立了安西都护府，疆域抵达天山南北、葱岭以西阿姆河，与大食（阿拉伯）分疆而治。帝国势力空前，此时的凉州，只是帝国经略西域的一个重镇，但是其作用在日后显得越来越重要。如果隋朝没有打败吐谷浑夺得凉州及整个河西，西域就无法跨越。汉时的匈奴遁亡了，但突厥势力与匈奴不相上下，甚至比匈奴还要强大，因为匈奴时还有月氏、乌孙牵制匈奴，可此时隋朝只能面对强大的突厥。隋文帝杨坚采取的对策在汉武帝的基础上进行了改革。既然没有月氏、乌孙相交呼应，于是就从其内部做政治工作，使其瓦解为东、西突厥国，然后再一一进行打击。从隋朝到唐朝，经过近八十年的征战，帝国才将突厥国彻底摧毁，建立了安西四镇。

此时的凉州，成为整个唐帝国将士去西域建功立业的必经之地。文人的胸腔里也怀着满腔的血性，吐纳出的诗歌也充满了武气，这便形成了慷慨激昂、雄浑大气、波澜壮阔的边塞诗，边塞诗犹以《凉州词》为最。同时，凉州也成为西域及阿拉伯人通往长安的国际大都市。他们长途跋涉，终于来到了繁华的凉州，眼见得尽是"胡人半解弹琵琶"，于是，异乡也成了故乡。唐时的凉州，从过去的地理和政治经略西域变成了经济经略西域。唐太宗成了天下的可汗，"东土大唐"也成为整个西域及阿拉伯、印度人眼里的天朝上国。

在整个唐朝，除了长安的繁华、自由和万国来贡之外，能尽显大唐为国际交流都市的也便是凉州了。它的西边，则是佛经成山的敦煌。而在张掖胭脂山下的皇家马场，隋炀帝曾在这里接见过万国来使。整个河西，是天朝与整个世界息息相关的呼吸大道，白银和歌舞日夜相继。如果那时能登上月球，向着地球张望，也许河西走廊是整个欧亚大陆上灯火通明的黄金飘带。它就系在帝国向西挥洒的双臂之上。

那时，帝国是向西而视的。那时，帝国沉浸在英雄之梦中。只要他向东转身，则往往是沉溺于情欲之时，或闭关锁国之时。凉州就跳动在帝国英雄的胸膛。一旦凉州失守，则帝国梦断残阳。中原只是他的卧室。而这一点，往往只是极少数的帝王才能体会到，大多数平庸之帝和纷纷众生则浑然不觉。江山浩荡之时，凉州与河西走廊仿佛脊梁一样挺立在帝国的中央。山河破碎时，凉州则吹奏一曲凄婉的羌笛，成为他国的属地，与帝国隔河相望。

8

北宋之后的西夏，仍然是沿着草原游牧的痕迹，占领了雍凉古地。凉州再次称为夏都银川之外的第二大都市。与北魏时期何其相似！从隋时的统一到西夏占领中国西北部，大致五百年光阴。

奇巧的是，从夏禹分封九州以来，几乎是每隔五百年便会失去雍凉之地，那时，中国与世界的交流被切断，而那时也往往是乱世之时。凉州从前凉时期种下的儒家传统的种子使凉州始终拥有一种记忆：它是华夏中国的一部分。

北宋之后，因为帝国虚弱，丝绸之路被阿拉伯人阻断，帝国之疆域在西域不断收缩，版图不断缩小。曾经英雄的帝国此时文弱得再无能力控制凉州及河西之地，而失去凉州也便无力经略西域，只好在江南一隅寄托哀思，隔江犹唱后庭花，直至崖山之恨。但草原上埋藏着一股蛮荒之力，鼓荡着远古以来的英雄之气，于是，草原民族此起彼伏，终于蒙古族统一了草原，控制了凉州，然后烈烈旌旗和野蛮铁骑直扑西域。西夏、西辽、花剌子模、大理、吐蕃……逐一被破，大蒙古国的势力伸至西亚和北亚地区，最远达到了东欧和埃及。

凉州成为其关键所在。成吉思汗及其子孙不仅以其为出发点远抵东欧，而且从这里可以轻易地渡河而至东南，南宋随风而散。最为重要的是，在这里，成吉思汗的孙子阔端与吐蕃宗教领袖萨迦班智达·贡嘎坚赞会盟，也是在这里，蒙古人开始信仰藏传佛教，一心向善，改变了心性。表面上看，凉州平静如海，但从历史的狂澜之中可以辨出，它曾经是历史的山峦。

也是因为这个原因，大元元年至元十五年（公元1278年），元世祖在我的家乡建立永昌府，置永昌路，同时降西凉府为州。其时，永昌路属甘肃行省，辖领西凉州和庄浪县。写到这里，我也突然明白，在我的家乡，人们说起永昌府时有一种无端的自豪在里面，仿佛可以与凉州城相提并论。以前不知道，现在明白了，原来这是王爷的属地。我的一位姨姨嫁到了永昌府西北的齐家湖，我曾问母亲，为什么叫齐家湖呢，那里并没有水啊。母亲说，听老人讲，那是王爷饮马的地方，原来有很大很大的一个湖。大概这是从十三世纪开始流传至今的记忆，已经七百多年了。

9

武威文庙可以说是明清时代西北地区文化发展的一个象征。由于蒙元统治，曾经昌盛至极的儒家文脉受到极大的创伤。其实，早在北宋时期，张载等一众文士已经看到，在东汉开始引入的佛教在魏晋时期有与儒家争锋的种种势头，而在唐朝李世民、武则天的信仰下，以及玄奘等僧众的努力下，佛教一度有超越儒家正统的情境，这可以从唐代高僧编辑的《广弘明集》的序言中看得出来。儒家的经典多遭批驳、讥讽与遮蔽，直到北宋时张载才有"继往圣之绝学"的志向。此绝学何物？从"北宋五子"专攻的经典来看，基本上就是"四书""五经"。《周易》则是他们专攻的绝学。从《周易》中，理学精神渐出。所以，从历史和文化的角度来看，所谓理学就是宋时的新儒学，是新的历史条件下对儒学的新的发挥。但是，这种精神还没有来得及认真实践就被蒙元铁骑踩碎了。将近百年的蒙元统治，是游牧文明与农耕文明的又一次融合，但最终以农耕文明为核心。元大德十一年（公元1307年）成宗尊孔子为"大成至圣先师"。及至明朝"驱除鞑虏"的民族主义精神召唤下，以农耕文明为基础的汉家儒家文明被重点强调，且比过往历史更重视道德的教化。"四书""五经"在科举考试中被确立为教科书，三教逐渐融和归一，儒家则居中。孔孟之教得到空前重视。在前朝的基础上，明朝大力扩建孔庙和书院。武威的文庙就是在明正统四年（公元1439年）建立的，后经历代扩建，被誉为"陇右学宫之冠"。

　　然而，武威文庙的正门却在近六百年来始终未能打开过。每一次去文庙，我们走的都是东侧的一个大门。讲解员带领我们参观古柏、瞻仰孔子且欣赏过西夏碑和"斯文主宰""书城不夜"等古匾后，就把我们领到了棂星门前，然后还让我们踏上状元桥。在状元桥上，无论是什么时候，都能看见人们在两边的石栏上留下美好的愿望，尤其是春夏之间、高考之前，很多年轻的学子都会来这里把一条红布绑在石栏上，那里寄托着他们毕生的梦想。但往往在最后，讲解员会告诉你，在状元桥南面有一堵墙，名为"万仞宫墙"，庄严肃穆地立在那里，讲解员伤感地说，这里其实是文庙真正的大门，但这个大门必须要出了状元才能打开，可是，几百年凉州没有出过一个状元，所以我们只能走偏门。每次我听到这里时都生出无限的慨叹。

　　是凉州和河西人笨吗？再一查资料，整个甘肃自科举考试以来未曾出过一个状元。唐时的状元很少，但宋明之后多了起来，也无甘肃的福分。再看全国的状况，明清两代全国出了204个状元，但仅仅苏州就有34个。有人做过统计，明清时江南进士在全国数量比例高达近15%，而苏州府最多。苏州园林何能不有，吴越之地何能不秀？故而苏州文庙，被称为江南学府之冠，而南京的夫子庙也被称为全国四大文庙之一。

中国有句古话，"风水轮流转"，考察文化的繁盛地也是如此。"禹兴于西羌，汤起于亳，周之王也以丰镐伐殷，秦之帝用雍州。"太史公讲的是政治，而文化也大抵如此。夏时文化繁荣之地主要在黄河上游，此乃中华文化的主要源头，神话与伏羲八卦在此时已经流传很广，且五行思想已经运用于日常。商时已经到了中游之地，中华文化此时已经渐成集合之势，故而今日看到的典籍里，中原成了中华文化的起源之地，其实这多少有些不顾常识。到周时至春秋已至下游，儒家文化由此起焉。汉唐之时开辟了另一条河流，即丝绸之路文化运河，于是，文化繁荣于长安及其以西的河西走廊。宋之后又是另一条大江大河，即长江流域数百年的繁荣，杭州、南京、上海、苏州等地依次盛开。元明清之时，东北又被点亮，北京成为中国的文化中心。改革开放四十年以来，沿海之地因为与西方文明接壤，于是海边之城次地亮起。至此，文化发展的风水已经基本轮了一遍。

假如从这个情况来看，宋元明清文化繁荣之地主要在江南，而西北之地荒凉至极。整个西北竟然一个状元都未曾出过。怎不令人扼腕慨叹！

然而，即使如此，从五凉时代及至清末，儒家文明始终在坚持不懈地向西挺进，最初与西来的佛教文明相对、相融，使其成为中华文明的一部分；后来又与伊斯兰文明接壤并相互融合。而凉州便成为儒家文明向西传播并融通西来文明的重镇。尽管明清时期兰州已经成为甘肃首府，作为古凉州的武威已经不再是中心，但是，武威的文脉之盛还是其他地区无法相比的。有人做过研究，明清两代甘肃进士共有453人，其中明代161人，清代292人，而清代武威就占了65名进士，478位举人。这一切都有赖于武威有座文庙。或者说，武威文庙的昌盛也显示了武威人对文化的重视，尤其是对儒家文明的崇尚。

独具一格的凉州贤孝显示了武威人崇尚儒教的显著特征。"贤孝"二字，皆为儒家文化的中心词汇。贤是君子人格升华，而孝则是儒家文化礼的核心内容。贤孝所唱的内容基本上都是以古代戏曲中的一些故事为基础改编的，还有一些是原创，融入了道教和佛教的善恶因果报应观念，弘扬的则是儒家所提倡的仁义礼智信等核心思想。这一地方文化的显著特征说明了武威文化中儒家文化的厚重。有一个现象也许能说明这一特征。在当今西北文学中，陕西文学的主体部分是乡土文学，甘肃文学的主体也是乡土文学，但以武威和庆阳为盛。庆阳是农耕文明的发祥地，其文化相比武威的文化来讲，多少有些狂野，武威的文明则显示出一种阔雅。这与五凉时代至今武威一直是儒家文化在西北的重镇有关。

从武威往西，也曾有过永昌书院、沙州书院等，但仍然屹立于当代的儒家文化遗存，则莫过于武威文庙了。在永昌、张掖、敦煌，现在能看到的最多的遗存则是佛教遗迹，儒家文化的痕迹越往西就越淡。到新疆就很少能看到类似于武威文庙的教化之地了。

10

从上述可以看出，在上古，凉州是从雍州说起，雍州之地东至大同，包括今天内蒙古、山西、陕西、宁夏的一部分，西至流沙之地的敦煌，南至甘肃天水、青海西宁，北至大漠，凉州是其中心之一。在中古，凉州主要指祁连山南北之地，南方是青海北部，北方则是河西走廊，其中心在凉州，东至兰州，西至敦煌。敦煌只是凉州文化西边的码头。而在今天，凉州主要指以武威为中心的周边地区。我们今天所讲的凉州是放大了的武威或古代的姑臧。因为二十世纪初敦煌的发现使敦煌凸显为国际名城，从而今天便有了敦煌学、敦煌文化这个概念，甚至于还出现大敦煌的概念，整个古凉州的文化以及西域文化都被统在这个范畴之中。凉州缩减为一个很小的地域范畴，凉州文化便无从说起。

但敦煌文化从核心内容来看，是以佛教文化为中心，凉州文化则主要以儒家文化为中心，其次是佛教文化，再次是道教文化，还有伊斯兰文化。凉州文化是一个大融合的文化，从这一特性来看，它与中原文化更为接近。这是凉州文化与敦煌文化之间本质的差异。然而，如此一说并非要弱化佛教在凉州文化中的重要作用，而是要强调，除了儒家的礼乐教化之外，佛教信仰极大地影响着凉州人的精神生活，尤其是明清以来儒释道三教合一之后，凉州人已经不分哪是儒家的，哪是佛教道教的。比如贤孝，你可以说它是儒家的，它里面主要是对儒家孝道和仁义礼智信的宣扬；也可以说是道家的，里面处处都有鬼和神仙；还可以说是佛教的，每个故事都是善恶因果报应。再比如，凉州的丧葬礼仪也融和了儒释道三教。

如果说儒家更多地在我们的精神世界里构筑了文明的秩序，明确人在各种现世生活中要遵守的一系列行为规范，使人变成了文明的人、高尚的人、有道德的人、有信仰的人，那么，佛教则更多地明确人死后要往哪里去，或者说告诉我们"我从哪里来"，又"往哪里去"。玄奘在其《大唐西域记》中明确说，他到西天取经主要是解决中国人的生死之教。

不错，在前面我们已经述及，从三代圣人到周公、孔子、孟子以及董仲舒等，都提倡礼仪道德，教人如何向善爱人，如何行孝，如何忠义为人，但唯独没有讲清楚这样做了会怎么样？没有讲清楚人有没有灵魂？没有讲人死后去了哪里。孔子提倡最多的是祭祀，其中对天地和先祖的祭祀是很重要的，但先祖若存在，其灵魂是否永存？同时，先祖的善恶之行对后世有影响又是什么？等等。

儒家和道家虽然都奉《易经》为首经，通《易经》者，能知天地大道，能知吉凶祸福，孔子又为《易经》中注入一种儒家的道德伦理教化，教人常行君子之道，则可不必占卜即能获得福报。但是，做了君子又能怎么样呢？那样做有什么好处吗？如果人死后都结束了，何必要克己复礼，何必要弘毅？做一个小人或恶人也许得到的会更多。那么，为什么要做君子？儒家给出的理论是天道如是，人道亦如是。可是，天永远存在，而人呢？人会永恒吗？人如何摆脱死亡？

　　这便是佛教和道教在解决的问题。道教认为人可以不死，能变成神仙。从凡人到神仙，是实现了人的永恒，摆脱了死亡。但是，成为神仙似乎有两种路径，一种是修炼之后飞升成仙，身体还是那个身体，但可以不死了。这种说法至今令人怀疑。因为其他现实和科学都告诉我们，人的肉体是注定要死亡的，但它是否以另一种形态而存在，则是道教没有完全解决的问题，或者说没有告诉大众的秘密。另一种是做了善事或种种好事在死后成为神仙。这种方法是人间立神的主要方法。每读《史记》，都能看到在夏商周时代，每到一个时代中兴之时，便是祭祀先祖之时，同时也有为先圣立庙的行动。这便是圣人或圣王成神之时，只是这些神无人祭祀，也便从世间消失。三国时的诸葛亮、关羽后世都有庙存在，成了神，一直祭祀至今。常山赵子龙在民间也有庙宇祭祀，但没前二者那样广泛。在一些地方，关帝神后来又演变为财神，代替了前一代财神赵公明。

　　但在佛教看来，成为神仙还不够，还不能解决现世和来世的所有问题，尤其是安顿现世，比如，现世的所有善恶怎样才能换算为永恒，这一点儒家没有回答，道家也没有理清楚，但佛教提出"因果报应，毫厘不差"的轮回观念，直到所有的恶转变为善，这才能够达到佛的境界，才能得到永恒。这就要求世人不要作恶，你此世的恶必然会有报应，即使这一世得不到报应，在来世或来世的来世必然得到报应，同样，所有的善也将得到回报。这种回报还不仅仅应在自己身上，也应在后代身上，这就与中国人的家族观念连在了一起，是佛教中国化的一个方面。佛教在进入中国后，在与儒家和道家不断地融合过程中，也改造了自身，逐渐地认同儒道两家的理念、方法，有效地解决了中国人生死、日常中的一系列问题，成了中国化的佛教。

而在佛教中国化的进程中，凉州起到了关键性的作用。一是鸠摩罗什在凉州驻锡十七年对大乘佛教的翻译与传播，二是萨迦班智达和八思巴将藏传佛教通过武威向蒙古族传播信仰。佛教有三个大派，一是汉传佛教，主要是通过丝绸之路和海路传播，以大乘佛教为主；二是藏传佛教，主要是通过藏地进行传播，后传向中国内地；三是南传佛教，主要是在中国的南方和东南亚传播，以小乘佛教为主。三大派有两大派的传播主要是通过武威，可见，武威在汉唐及宋元时代不仅是政治经济的一个中心，而且也是文化在西北的一个中心。

佛教是由释迦牟尼在公元前六世纪于尼泊尔创立，其时的目的有三：一是彻底解决人与众生的轮回之苦，找到觉悟的无上法门；二是创新已有的知识和观念，重新确立世界观、方法论；三是反抗当时婆罗门教的不平等观念，提出众生平等的观念，解放众生。这在当时的古印度是划时代的。佛陀实现涅槃后的数百年间，佛教传遍印度次大陆。佛陀在世时，是佛教发展的第一个阶段。阿育王时代是佛教传播的第二个阶段，阿育王把佛舍利分为八万四千枚，愿望在全世界各地建立八万四千座佛塔，让佛教造福于人类。贵霜帝国时代是佛教传播的第三个阶段，佛教向东传播至中国。魏晋时代的鸠摩罗什至唐时的玄奘时代是佛教发展的第四个阶段，佛教在印度渐渐地失去信众，但在中国繁荣了起来。

这一阶段一直持续到清时，完成了佛教的中国化历程。

佛教到底是从什么时候传入中国的，至今有各种说法，比如有学者认为秦始皇时期已经有禁止建寺的法令，说明那时已经传入中国；再比如，有人认为，汉武帝时通西域，开丝绸之路，佛教最早在河西走廊传入，武威的莲花山寺就是那时建立的；还有人认为周时佛教已经在中国民间传播，等等。各种说法都有一定的根据。至于官方接受佛教，已经到了汉明帝登基第七年了，即公元65年。他做了一个梦，梦见一个大金人，头顶有光环。第二天有大臣说，这是西方的佛陀在托梦，想到东方来。于是，汉明帝刘庄便令二博士带领人马去西方寻求佛陀。他们在月氏山下遇到了摄摩腾和竺法兰，将其二人带到中国，天子将其安置于白马寺。佛教开始成为官方许可的宗教。三百多年过去，佛教在民间传播甚广，但是，因为翻译家要么是印度来的只懂梵语不太懂汉语的高僧，要么是只懂汉语不懂梵语的高僧，各种谬误便不免产生，同时，对佛教的误解也处处存在。此时，急需一个既精通汉语又精通梵语的高僧来重新把过往翻译佛经的谬误纠正过来。

鸠摩罗什便是三百年来第一个这样的人，且此后也几乎再无这样的人出现，空前绝后，天生此人也。但是，假若没有在凉州的十七年，也不可能造就如此杰出的一个高僧。

11

鸠摩罗什自称是龙树的传人，且是最重要的传人。在鸠摩罗什生活的时代，他所在的国家龟兹信仰的还是小乘佛教。他的母亲——龟兹的公主也是小乘佛教的信仰者，他的父亲大概也是，所以他从小接受的便是小乘佛教。在他七岁时，便跟随母亲出家到佛寺里修习，很快便把所有的小乘佛经学完了，于是，母亲便带着他去了北印度，而在那里，他又把其他的小乘佛教经典学完了。十二岁那年，他在沙勒国遇到了莎车王子须利耶苏摩，遭遇了大乘佛教。鸠摩罗什很快就精通了大乘佛法。回到龟兹，他便开始传播大乘佛教。二十岁之前，他已经名闻西域。此后，声名越大，三十多岁时成为整个西域佛教界的精神领袖。

就在那时，前秦皇帝苻坚发动十万大军攻破襄阳，获得当时北方佛教界的领袖道安和尚。苻坚以为他获得了整个北方民族信仰的佛教的最高精神领袖，谁知道安却说，佛教界真正的精神领袖在龟兹，名鸠摩罗什。此时，苻坚也正有意重新收复西域诸国，于是，便派大将吕光率兵七万攻伐西域，迎请鸠摩罗什。当吕光收复西域诸国，带着鸠摩罗什回国的路上，听说苻坚已没，便听从了鸠摩罗什的话留在了凉州。前凉就此建立。吕光虽不信佛教，但他知道鸠摩罗什的分量，便将鸠摩罗什留在凉州，直到他死后。

现在一般史书，包括很多佛教著作中，都称鸠摩罗什被吕光留在凉州十七年是很大的遗憾，甚至谴责吕光没有弘扬佛教，使鸠摩罗什在凉州几乎无所作为，但人们都忘了，如果没有这十七年，鸠摩罗什何以能精通汉语？更者说，如果没有这十七年，鸠摩罗什何以对龙树所弘扬的大乘佛教有深刻的理解与体认。所以，事情可以反过来说，正是因为鸠摩罗什被吕光留在凉州十七年，所以有时间精研龙树的大乘佛法，才写出了《龙树传》和其他一些有关龙树的著作；也正是因为这十七年，鸠摩罗什才有时间学习汉语、研读中国儒道两家的经典，尤其是道家经典。我曾认真地研读过他与后秦皇帝姚兴等的通信，叹服于鸠摩罗什精妙的文采和对汉语的精熟。如果你不知道他是一位西域来的高僧而去读那些信件，你一定会认为这是一位才华卓绝的大才子、大学问家。也是在凉州，鸠摩罗什收下他的第一个弟子僧肇。

但如此多的因缘还不够，还在等待另一个因缘，即后秦皇帝姚兴的出现。相比于前秦皇帝苻坚来说，姚兴是真正地信仰佛教。苻坚的意识形态中有佛教的，比如他动用武力迎请道安和鸠摩罗什，想用佛教的思想来影响当时的国民，但也有儒家的，比如他重用王猛，想用儒家的思想来改造自己的民族精神。但在姚兴的意识形态中，儒家虽然也存在，但佛教的成分要远比儒家大得多，他称佛教乃"御世之宏则"，而且他自己就无比坚信佛教。所以，我在认真研读那时的文献时发现，后世对当时的中国有一个大的误解，这便是认为，即使当时的中国分裂为若干个小国家，但仍然认为国家的意识形态是汉武帝时确立的儒家思想。这是一个巨大的误解。当时的中国从大的思想形态来看，可以看成，退守到南方的晋朝自然是儒家意识形态，这使接受了儒家教化的凉州张氏集团虽然一直孤悬于西北，但仍然坚称自己是晋世之臣。而北方是少数民族入主中原，他们信仰的是佛教或拜火教、萨满教，到姚兴时期，主要是佛教。所以，北方和南方的意识形态是不同的。这就能够解释清楚为什么苻坚和姚兴都要花大力气迎请道安和鸠摩罗什，也就明白为什么鸠摩罗什被拜为国师的原因了。绝不是一般文人们所想象的浪漫故事，它仍然是政治的一部分。

姚兴的出现，就像孔雀王朝阿育王一样，类似于佛教的护法王。鸠摩罗什传播佛法的因缘也就在姚兴的接应下实现了。所以，我们可以说，如果只有鸠摩罗什，即使他再有伟大的理想抱负和天才，也是无济于事的，一如他遭遇吕光一样无所作为。他们两个必须相遇才会做出改变中国文化历史的事业。

当八百佛家弟子看到皇帝姚兴和国师鸠摩罗什站在中央，姚兴拿着过往高僧们翻译的佛经，而鸠摩罗什则拿着梵文的佛经，两人一一对照，并你来我往地商议确定用优美的汉语翻译佛经的时候，弟子们是欢喜的。因为他们第一次知道了历史的谬误，也第一次领略了正确的教义。

整个尘世是喧嚣的，或是混沌的，但这里光明显现，智慧照彻宇宙。佛教发展的第四个时代终于来临了，再也不在尼泊尔，也不在南印度，也不在北印度，而来到中国，或者说是北中国。那是公元 401 年。之前的三百多年甚至是序曲与准备期，此时才真正地奏响交响乐。众生歌唱，灵魂舞之蹈之，眼见光明，心生智慧。而这样一场交响乐一直奏到了唐宋，甚至蒙元时期。

鸠摩罗什在凉州精通的汉语使他在一夜间创造了无穷的词汇，比如"世界""脑海""未来""爱河""大千世界""想入非非"等。有人说他是龙树菩萨的唯一再传弟子，这话虽然有些绝对，但是，他在凉州研究龙树并为龙树作传，使他对龙树和大乘佛法有了比以往更为精深的认识。他在凉州的世俗生活使他对中国人的世俗生活、政治生活以及精神生活有了深刻的把握，所以他才能找到那么多精妙的词汇，才能把握如何在中国大地上进行传法的各种法门，也正是因为这些体会和认识，才使他在后秦的政治生态中如鱼得水，被礼为中国历史上第一个国师。也正是因为对中国文化的深刻把握，才使他成为当时中国佛教界的领袖，其实，何止是中国，他当时是整个世界佛教界的领袖。在他驻锡长安之时，中国各地的僧侣络绎不绝地来投奔罗什门下，西域各地的高僧也纷纷前来中国与罗什汇合。在长安，罗什翻译了经律论传94部、425卷，后来这些经典成就了中国的多个宗派，其中"三论"为三论宗主要依据，《法华经》为天台宗主要依据；《阿弥陀经》为净土宗所依"三经"之一，《成实论》为成实学派主要依据。鸠摩罗什遂成为中国佛教八宗之祖，其在凉州收的第一个弟子僧肇被誉为"解空第一"，影响也极为深远，尤其在日本有着极大的影响。

所以，从这一意义上来讲，凉州是佛教中国化的第一站，是佛教在中国传播的预备地，也是佛教在世界传播史上第四个时期的开启之地。因为凉州乃丝绸之路上的重镇，所以当时的凉州，是中国北方除长安之外重要的佛经翻译中心之一，很多僧人都曾在此驻锡译经，一时形成风气。鸠摩罗什的时代，凉州据说佛寺已多，最有名的是铁佛寺和莲花山寺，一代高僧佛图澄曾在这里大修莲花山寺。后世凉州的佛教与儒家、道家融合，在凉州和河西走廊影响极大。如果从二十一世纪当下的情形来观察，凉州武威的佛教文化虽然深厚，但儒家文化的影响似乎更大，而越往西看，甘州、肃州的儒家文化越来越淡，到敦煌时就几乎剩下佛教文化的遗址了。曾经敦煌一带的书院也影响极大，但随着时代的变迁，那些书院只是深藏于历史的记忆深处了。

　　我曾在长久的观察中发现，也许是地处大西北的原因，西方的现代性思想虽然也曾浸淫西北，但比起东部地区来说要缓慢得多。凉州的武威人在二十世纪八十年代至世纪末还保持着浓厚的儒家伦理思想，直到新世纪来临才大规模地在城市化、工业化、市场化以及信息化进程中变迁。但是，这种儒家伦理思想中又深植着佛教思想。我在《鸠摩罗什》一书中曾写到我祖母。她十二岁开始信佛，吃素，虽然从不念经，从不进寺院，从不上香拜佛，但是她的整个精神都是佛教的。在我童年和少年甚至青年时，一位嫁到远方的堂姐每次回娘家经过我家门口时，都会对我们兄弟们说，大奶奶太好了，那时我们都快饿死了，她一见我们就把碗里的汤喝一口，把稠的给我们吃，我们才活了下来。很多人都曾对我说，大奶奶行下善、积下德呢，所以你们弟兄们能考上大学。到现在为止，我们去给爷爷奶奶上坟，碰到村里或附近村子里的老人，都说，哟，你们都来给大奶奶上坟来了？好，你们能有今天，可都是大奶奶行的善积的德啊！他们从来不会赞扬我们在学习上多刻苦，似乎这一点并不重要，重要的是人要行善。联想到贤孝中宣扬的善有善报恶有恶报的因果报应思想，我一直觉得，凉州及至整个中国传统文化给我们今天留下的就是一个善根。一千多年来，凉州人就是在这种行善的轮回中活着，他们不仅为自己，也为后代子孙。我常常想，这是一种多么伟大而又崇高的根器。我没在其他地方长久地生活过，没办法深刻体会其他地方的精神，但就凉州来讲，其文化传统养成了向善的根脉。

那些矗立于凉州大地上的佛寺、道观、文庙，无论是已经毁掉的万千寺庙，还是仍然保存着的诸如鸠摩罗什寺、白塔寺、天梯山石窟、大云寺、海藏寺、莲花山寺、恒沙寺、雷台观、文庙、魁星楼等，都在见证凉州古代的教化传统。

12

如果说鸠摩罗什是以汉传佛教来影响中国文化的伟大高僧，那么，后来在凉州武威传教的萨迦班智达和八思巴便成为以藏传佛教来影响中国历史进程的伟大高僧。

在成吉思汗活着的时候，他可能接触过很多种宗教，比如他所信奉的古老的萨满教，比如中原的道教。但事实上，随着帝国版图的扩张，伊斯兰教也在他的视野之内，此后还与汉传佛教、藏传佛教、基督教一一相遇。所以，在他与其子孙的信念中，宗教不再是唯一的，只要不影响到政权，宗教可以多元共存。但是，在他死后的几十年中，他的子孙却选择了信仰佛教，而且是藏传佛教。而这一切的发生，是从凉州开始的。

公元 1227 年，成吉思汗去世，他的儿子们遵循着他的遗训，密不发丧，一举灭了西夏和金国。他的后继者窝阔台不是他的儿子中最英勇的人，却是最有政治头脑的战略家。一个有政治头脑的人是不会用蛮力的，他会用智慧来处理一切国家事务。所以，如果说成吉思汗是英雄的话，窝阔台便是智者。他开始考虑用文化来治理天下。而在他所接触的所有的文化中，他最终还是选择了中国的儒家文化。他任用耶律楚材为中书令，广用汉法，开科取士，并包容重用汉人文士。他认同耶律楚材说的"天下可马上得之，不可以马上治之"。这是蒙古帝国走向文明的一个开始。

窝阔台有四个儿子，其中一个叫阔端，被册封为西凉王，封地便是西夏故地，驻屯凉州，其治下地区包括今甘肃、西藏、青海、宁夏、内蒙古西部、新疆东南部分、陕西全境。后来，西藏地区被收回。如果把西藏不算在其中，其他地方合起来正好就是大禹时期的雍州。这是历史非常吊诡的地方，它正好显示出地理与历史文化有其自身的规律与特征。凉州成了这一地区的中心。

在凉州，阔端先派一支队伍深入西藏，这支队伍在西藏遭遇了僧侣们的抵抗，但他们立刻开始调查研究西藏的问题，最后得出一个结论，西藏必须以军事加宗教的方式来统一。而在当时，阔端的军队已经几面围攻了西藏，西藏自身也是危在旦夕。在此情况下，当阔端于公元1244年下书召请当时处于宗教领袖的萨班来商议和平解决西藏问题时，年迈的萨班带着年幼的侄子八思巴来到凉州，签订了盟约，史称凉州会盟。从此，西藏正式归入帝国的版图。

但这只是历史的开始，只是显性的外在的政治属性，其文化的精神的信仰的属性在后期才真正发挥作用。当萨班在凉州传教之时，凉州已经成为一个汉传佛教和藏传佛教融合的地方，甚至藏传佛教一时炽热，远远超过了自鸠摩罗什以来的汉传佛教。当

时的海藏寺、莲花山寺都改为藏传佛教之地。白塔寺以及城南还
建有了一些藏传佛教寺院。而在凉州以外，很多地方也发生了这
样的变化，如肃南的马蹄寺。现在凉州人还把肃南以南的地方叫
皇城，是因为当时永昌王在那里建有避暑宫殿。这说明凉州人的
宗教信仰从萨班来到凉州后发生了很大的变化。当然，事实上，
藏传佛教在后来也远没有汉传佛教那样根深蒂固。但是，它对远
在北京的皇室发生了巨大的影响。

　　在人们讨论凉州会盟的时候，一般都关注阔端与萨班，很少
关注到八思巴，但八思巴对于中国文化的影响远远超过萨班。八
思巴与鸠摩罗什均属于在文化层面上改变中国文化的重要人物。
凉州是他们重要的学习基地和中转站。八思巴十岁从西藏出发，
来到凉州，在这里，他与鸠摩罗什一样，学习了汉文化与蒙古文
化，这为他以后成为蒙元帝师奠定了文化基础。据传，八思巴三
岁就会口诵真言、心咒修法，被称为"八思巴"，意即"圣者"。
十七岁时成为萨迦派教主。十八岁那一年，忽必烈召见他，并与
忽必烈结缘。二十三岁时，忽必烈主持召开了佛道两家的辩论大
赛，结果，八思巴获胜，从此结束了佛道两教持续八百年的争辩。
二十五岁时，八思巴成为国师。三十五岁那年，八思巴对忽必烈
进行第二次灌顶，使元朝的信仰确立为藏传佛教。此后，八思巴
还创立了文字，为蒙元帝国立下了不世功勋。

　　今天，我们重新回首历史之时应当看到，如果没有八思巴在
凉州的近十年生涯，他就不可能站在历史的峰顶改变文化的潮流。
整个北方的草原民族，本来笃信的是古老的萨满教，但后来一部

分民族信了佛教。藏传佛教是印度佛教与本教的结合体，主要以密宗为主。汉传佛教是以显宗为主。也许萨满教天然地与藏传佛教有着某种联系，所以蒙古民族最终能够放弃自身的信仰而在众多信仰中选择藏传佛教。不管怎么说，无论是藏传佛教，还是汉传佛教，其在教化上是一致的，都是教人一心向善，相信因果报应。所以，整个蒙元时代就在进行儒释道三者的融合。从文化的角度来看，虽然政权被外族拥有，而自宋以来自觉进行的儒释道合流则并没有中断。从这个角度来讲，蒙元帝国当是中华文明的承继者。如果说，当时没有八思巴的积极融入蒙元政治的行动，则西藏危矣，同时，蒙元帝国的精神流向就会转向另一个方向。是八思巴，一个青年喇嘛，从凉州出发改变了蒙古人的心性。今天的蒙古人，强壮的身子里蕴藏的是蛮荒草原给予他们的深沉动力，而一颗心则盛满了善良，这都是信仰的力量。

13

地理学家发现，中国文明时代的气候可以分为四个时期。第一时期是夏商周时期，即公元前 3000 年至公元前 1100 之间。当时北方气候湿润，很多动物在此栖息，很多植物也在此生根发芽，但此后慢慢变化。到宋元之间，有一次气候变化，被地理学家称为第四个温暖期，他们发现大象生存的地理范围，逐渐由淮河流域移到长江流域以南，如浙江、广东、云南等地。就是在这次气候变化之后，整个北方的生存条件变得寒冷起来，很多生物要么向南迁移，要么逐渐消失。人也一样，也在悄悄地南迁。这是不易觉察的变化。其实，说到底，人乃天地间一生物耳，并不能真的超越于动物界或生物界。大概这与地理学家发现的另一个现象有关，即珠穆朗玛峰每年仍然在上升之中，整个西北也在不停地向上生长。海拔在上升，气候便自然变冷。也可能正是这样一种地理环境的变化，导致了地理学上所讲的胡焕庸线的发生。

在中国的地图上，从黑龙江省黑河市到云南省腾冲划一条直线，将中国分为两部分。在中国的东南方仅 36% 的土地上居住着 96% 的人口，这里的地貌以平原、水网、丘陵、喀斯特和丹霞地貌为主，是农耕文明的栖息地。中国的西北方占有 64% 的土地，却仅供养 4% 的人口，这里的地貌是以草原、沙漠和雪域高原为主，自古是游牧民族的天下，是游牧文明的浩荡之地。其实，西北方基本就是大禹时的九州之一雍州之地。

也就是说，这一地区在五千年的文明进程中因为气候的影响而发生了很大的变化，其主要原因除了以上所讲的几点外，还有一个原因，就是缺水。水制约着整个西北的发展。然而，整个西北又制约着整个中国的发展。这里的昆仑山是中国神话的发源之地，自然也是中国文化的元气所在之地；这里是伏羲文化的开启之地，中国古老的天干地支等历法算术皆在此衍生；这里是《黄帝内经》的诞生之地，古老的中医思想在此产生；这里曾有一条玉石之路，然后才是汉唐开辟的黄金大道——丝绸之路；这里曾是佛祖向东教化的圣地，也是老子隐身的宝地；这里曾是大禹起家之地、周朝稼穑之乡，是西王母的故乡、黄帝问道的天路，是汉武帝征服天下、隋炀帝接见万国使者、唐太宗成为全世界的天可汗、铁木真成为成吉思汗的古战场，多少英雄的故事在此上演，多少历史的笔墨在此激昂……

今天，在西北，我们也能找到文化自信。丝绸之路，不仅是中国重新打开世界的一把钥匙，也是解决今天中国现实诸多问题的一条途径。当然，我们还可以重新站在古老的丝绸之路上观察世界。所以说，丝绸之路可以是世界观，可以是方法论。英国牛津大学的历史学家弗兰科潘最近出版了一部著作轰动了世界，即《丝绸之路：一部全新的世界史》。这是全球学术史在丝绸之路研究方面的一个成果。美国学者斯塔夫里阿诺斯早在二十年前出版的《全球通史》就第一次理清了一个问题，即公元1500年之前的历史是陆地文明的时代，文明都是在陆地上展开。这便是明代中叶发生的事情。那时，中国人虽然发现了海洋，但并未意识到新世界将从此展开，这是中国的文化所决定的。但欧洲人此时发现了新大陆，于是，开始疯狂地掠夺，将那里都变成他们的殖民地。很多文化由此而灭绝。昼夜动荡不息的茫茫海洋开始决定人类的命运，它将原始之力都赋予了欧洲，中国则在大海边浑然不觉地熟睡着。

不仅如此，明朝还早早地将陆地文明的界限封死，这便是嘉峪关的诞生。嘉峪关是古凉州的西界。也就是说，整个河西走廊成了帝国的边疆，成了一个死胡同。它不再是汉唐时代的交流之地，而成了一堵墙。被称为世界风库的安西，一年之内只有几天不刮风，其余时期都是大风弥漫。风裹挟着沙漠上的沙粒从河西走廊的西边一直往东席卷而来，但这场风沙直到1993年才被命名为沙尘暴。事实上，它从来就有，但汉唐时代的英雄们似乎并不在乎它们，所以，即使有李白的"长风几万里，吹度玉门关"的诗句，但人们并未将其当成真的现实存在，而明清开始，风沙才被人们看得清楚。

此时，大海上碧波涌动，千帆相竞。公元1500年之后的历史是海洋文明的时代。斯塔夫里阿诺斯的认识与钱穆惊人地相似。欧罗巴的金号在奥林匹斯山上吹响，在欧洲大陆和美洲山谷间回落。文艺复兴、殖民新大陆并全球殖民、资本主义涌起。一场欲望的盛宴在全球上演。

古老的中华帝国闭关锁国，他未曾意识到已经错过了全世界。到了清代之时，那些一生不婚、矢志不渝的传教士终于漂洋过海地来到中国，把地球仪摆到了大清皇帝的面前。第一次，中国人意识到世界的辽阔和不可知，但几千年以来的文化惯性并没有让中国人惊醒。即使他的邻居，其实是弱小的附属者日本，在脱离中华文化的影响而开始面向欧洲时，中国人才第一次意识到了世界的大动荡，但帝国的掌门人并未觉醒。直到这位邻居突然间以枪炮打开国门，有人才意识到一场三千年未有之大变局已然来临，但帝国的行动缓慢，文化的衰老已经昭然若揭。

此时的凉州是中国的大后方，是边地。大海远在天边。丝绸之路已经被黄沙掩埋。但有一件事使河西走廊重新走向世界舞台，这便是敦煌藏经洞的发现和被盗。当斯坦因、伯希和把"抢"去的敦煌壁画在欧洲展出时，那精美、艳丽的色彩和陌生的画面将欧洲人极大地震撼了。同时被震撼的则是中国的知识界。一边是征服者的狂欢，一边是屈辱的泪水。于是，一群被伤了心的知识分子——王国维、陈寅恪、罗振玉、陈垣、常书鸿等——开始面向河西，并发出沉重的呼吁。他们纷纷开始研究敦煌经卷、流沙坠简、楼兰古国……后来，敦煌脱离了河西文化圈即凉州文化圈而自成一体，并成为国际显学。但究其本来，它其实是大凉州文化圈的一部分。

凉州再次被发现是与铜奔马有关。但铜奔马其实也是在被不断阐释，也没有惊人的故事与人物。虽然后来它成为整个国家的旅游标志而飞越海洋和蓝天，但它的内涵并没有多人去解读，更少有建构。改革开放以来，旅游业得到发展。国外的文化学者与国内的政府要人、艺术家、学者凡是到甘肃，都基本上要坐着汽车一站站把河西走廊看个够。敦煌是惊人的，但凉州的文物最多。据说甘肃省博物馆60%以上的文物出自凉州。

在建设"一带一路"的今天，凉州被推到了历史的前台，但是，凉州如何定义？凉州的内涵与外延如何阐释？凉州是一个行政概念，还是自有体格的文化概念？凉州对中国文化的贡献在哪里？凉州给世界能给予什么？这都是必须思考和回答的。

我如此冗长地叙述凉州的古往今来，盖因是凉州人也。除了凉州人外，张掖人、酒泉人、敦煌人不会再肩荷凉州这一文化概念。自然，在今天，凉州人、张掖人、酒泉人、敦煌人都拥有一个浩大的称呼，河西人。再往大一些古一些说，当然是凉州人。所以，凉州人天然地拥有重新叙述凉州文化的使命，不能再等别的什么人来做。往远一些说，凉州应当重新构建"凉州文化"，使凉州拥有厚重的文化内核，而这正是凉州继绝兴灭、续接传统、继往开来的资源与动力。这才是凉州的文明。

花开六叶　功在西北

——古代中西方文化交流中的凉州

　　凉州一词，在中国文化史上是一个变动不居的概念。一方面，从这个概念诞生之日起，它的地理方位和行政区划由大到小，或由小及大，由此也形成了不同时期人们对凉州文化的不同认识；另一方面，在文学艺术和文化表达方面，它也由实到虚，成为东南方人们想象中的一个文化概念，使凉州文化特立独行于中国文化的版图之中。如何梳理凉州文化，是今天凉州、河西乃至甘肃如何定位自身发展的一个重要内容，甚至于说，在今天"一带一路"的建设中，它也是一个重要内容，它关乎中国如何重新在欧亚大陆上确立自身地位、与沿线国家共同发展的深层问题。

雍州，一个不断被想象的地理方位

　　翻开历史可以看到，整个河西走廊的历史是从汉武帝派张骞

"凿空西域"开始，之前的历史茫然不可见。从河西走廊的一系列
考古发现我们可以看到，武威皇娘娘台出土了新石器时代晚期至
青铜时代早期的一些器物，被中国社会科学研究员易华认为是早
期齐家文化遗产 ①。这里出土的房屋多为半地穴式，呈方形，说明
那时已经有了"天圆地方"的天地观和建筑思想。地面上有白灰
面，窑穴里有灰土，说明那时已经进入早期的小麦或谷物种植时
期，有了烧烤一类的烹饪技术，也说明可能在这里制作彩陶。墓
葬与窑穴、住房连在一起，根据葬式看，已有一墓内合葬一男二
女，男性仰卧居中，左右各卧一女，均呈侧卧屈肢，面向正中，
易华认为这种贫富分化和男尊女卑现象正好与夏代社会状况相当。
这些都充分说明河西走廊尤其凉州一带是夏早期的版图之一。易
华还认为，考古发现的二里头遗址要比皇娘娘台晚两百年。这大
概也说明夏文化有从西向东发展的过程。

　　另一发现是在这里出土了中国最早的青铜器物，从一定程度
上即说明凉州一带是夏朝从西向东发展的一个区域，而且从这些
青铜器物的来历上说明凉州及河西走廊已经与西域或欧洲有了很
大的交流，因为青铜器最早是从西方传过来的，凉州便是青铜之
路的见证地之一。

　　这些考古发现推翻了两个历史结论：一是凉州及河西走廊在
汉之前非华夏版图，二是中国与世界在汉武帝之前缺少交流。同
时，则有力地支撑了另一个思想系统，即大禹分天下为九州，而

①《救救皇娘娘台遗址》，2014 年 07 月，中国社会科学院研究员易华。

此地及新疆地区乃雍州一地。《周易》言，圣人是根据《河图》《洛书》而作易，画八卦。根据古今学者研究，易经八卦是古之圣人对时间和空间的自然规律的创造性总结，从此人类的行动才有了明确的时间和方位。八个卦象即八个大节（立春、春风、立夏、夏至、立秋、秋风、立冬、冬至）和八个方位（东北、正东、东南、正南、西南、正西、西北、正北）的标志，而雍州一地便是西北方位，与立冬时节相合。根据古人研究，立冬便是一阳生之时，同时也是冬日寒凉开始之时，所以这里很凉。这就是后来扬雄在《十二州箴》中所言，改雍州为凉州之意。

北宋之前，无先天八卦之说，只有伏羲八卦和文王六十四卦之说。北宋之时，邵雍根据《河图》《洛书》创先天八卦，称其为先天八卦，而把原来的伏羲八卦改为文王八卦。无论是北宋之前伏羲八卦还是北宋以来的文王八卦，讲的都是同一个卦位图，其乾卦在西北方位，也为立冬之节，故而可定乾山便在西北，正是今祁连山。根据《山海经》所言乾山之特征，与祁连山西端相吻合。这些都是上古时代的思想与时空的创造，今天我们大都不能懂其意，只能想象。但是，《史记·大宛列传》中讲得很清楚，经过张骞的多番考察，汉武帝确立新疆于田南山为昆仑山，昆仑山上的冰川和雪水融化成的塔里木河以及向西至葱岭的疏勒河等大小三四条河流向北或向东流入盐泽，即今天我们所说的罗布泊，然后，罗布泊的水潜行地下，一直到积石山才迸涌而出，向东流去。《汉书》不但承其说，叙述得更为详细，并称其为"中国河"。《汉书》和《后汉书》对新疆一带的一些河流都有较为详尽的描述，其中今天的塔里木河又被称为计戌河，意思按十二地支排列，在戌位，亦即西北。戌位与乾位有重合之处，同时与兑位有重合之处。故而说，《山海经》《史记》《汉书》等记载了河西四郡建立之前的一些历史与传说，昆仑、河源以及传说的伏羲、西王母、黄帝、大禹等都与其有关，是我们进一步探索中华文明之源的最后目的地。

凉州确立，西方昌明

清代学者张澍言，凉州取其"地处寒凉之地"之意，正是在上述地理、气候、时间、方位上而确立的。中国古人的世界观是整体性的，时间和空间总是交织在一起，且往往形而上为某种气象或意义。凉州一词便是这样产生的。

彼时，汉武帝派大将霍去病大败匈奴，夺得河西走廊，称为"断匈奴之右臂"。何以理解？古人治理天下，也以人象天地，所以，整个国家就是按人的形象来治理。头在北方，面向南方，如此，山西以西之地便被匈奴作为右边，故有右贤王来治理，而山西以东之地为左边，由左贤王治理。河西走廊也就形似一个人的右臂，占领河西走廊，故曰"断匈奴之右臂，张中国之掖"。另一层意思则是有了河西走廊，中国的右臂也才张开。

关于凉州与武威郡的设立，自古以来皆有纷争。兰州大学的汪受宽先生在《甘肃通史·秦汉卷》一书里详细列举了《史记》《汉书》《后汉书》《资治通鉴》等史著中的不同记载。一种说法是公元前 121 年，汉武帝先设立张掖郡和酒泉郡，然后从中又分出武威郡和敦煌郡。这种说法与大败匈奴而"断匈奴之右臂""张中国之掖"相合。另一种说法是汉武帝于公元前 121 年设立武威郡和酒泉郡，公元前 111 年设立张掖郡，公元前 88 年设立敦煌郡。这是与霍去病大败匈奴后在河西耀武扬威之事相合。这是武威郡的争议之题，但关于凉州的争议则更大。清代张澍认为，凉州设立于公元前 126 年。那一年，张骞从西域归来，汉武帝对西域有了清晰的战略目标图，而西北方位始终未能占有，故而先空设凉州一郡。这只能说是一种想象，有其合理之处。

更为准确的记载是汉武帝于公元前 106 年设立十二州，其中雍州改为凉州。十二州的设立是按十二地支和天象而定，据说是效法舜帝的做法，《史记·天官书》有明确记载。不过，司马迁时的十二分野与舜帝时大有不同，主要是两个时期的天下版图有变，观察天象的地方也从舜时的昆仑山或黄土高原为中心而转变为以中原为中心。凉州为原雍州之地，地属寒凉，故名为凉州。凉州一名始出。

凉州此时的管辖范围包括除武都地区之外的甘肃全部、青海北部、宁夏部分、内蒙古西部和新疆的部分地区。其首府有争议，一说今天的张家川，一说姑臧。到了兴平元年（公元 194 年），又分凉州部分地区和三辅地区重置雍州，此时的凉州有金城、西平、武威、张掖、酒泉、敦煌、西海等七郡，下辖四十四县，约等于现在的甘肃省。三国时期，凉州不仅拥有先前的甘肃大部分地区，还有今天新疆的部分地区，所以曹丕篡汉以后，觉得凉州太大，

而且郡所在陇西，离河西四郡太远，于是又建了雍州。凉州地界
缩小为金城、武威、张掖、酒泉、敦煌、西海、西平、西郡等一
带，而雍州为京兆、冯翊、扶风、北地、新平、安定、广魏、天
水、陇西、南安一带。此时凉州的郡治为武威郡的姑臧县。金城
郡除了榆中、红古、西固、永登和永登南的枝阳几个县之外，还
包括今天青海的化隆。西平郡包括今天青海的西宁、长宁、平安、
湟中一带。武威郡包括姑臧、古浪、永昌、民勤、会宁、靖远一
带。直到晋朝永嘉年间，张轨出任凉州刺史。张轨对凉州的意义
十分重大。他带去了关中的儒家文化，并在那里一心经营，遂开
五凉文化的先河。河西走廊正式步入文化凉州的时代。

五凉治理，文化固本

从已经出土的"天下第一简"《仪礼简》来看，儒家的礼仪教
化在建立河西四郡不久就开始了，来这里的官员和军人不仅把中
原一整套的政治治理方式、文化教育机构、日常礼仪行为范式带
到了刚刚从西域中脱离出来的凉州及河西走廊，同时也把中原先
进的农耕技术带到了这里，使原来单一的游牧文明逐渐向农牧结
合、耕读合一的文明形式过渡。

东汉时期的窦融在治理凉州与河西走廊时，达到了"凉州畜
牧甲天下"的丰饶美景，他去洛阳述职时，带了数万头牛羊马和
一千多辆车，浩浩荡荡、连绵不绝地从凉州向洛阳荡去，"倾动京
师"。此种景象，一度为史上佳话。从那时起，"凉州畜牧甲天下"

的优势一直保持到宋元时代。

因为窦融的经营，凉州（那时一般指河西走廊）一度成为中原王朝面向陆地上的西方诸国交流与经略西北的重要区域。窦融以为，"河西殷富，带河为国。张掖属国精兵万骑，一旦缓急，杜绝河津，足以自守，此遗种处也"。两百多年之后，张轨也因为八王之乱而谋略河西，他说："天下将乱，避难之所唯有凉州而已。"

张轨到河西之后，以姑臧为中心，开始了儒家文化之教化落地河西的具体行动。一方面，延续汉武帝以来的政策，继续开垦土地，劝课农桑，使农牧业结合，发展经济，河西一带成为天下最丰饶之地。另一方面，他设置崇文祭酒，其地位和别驾一样，春秋两季实行以射选士的礼仪，征召九郡贵族子弟五百人，建立学宫——凉州的文庙其实早在此时就已开始——同时，他还在河西接引安置了大量关中士族大家，使中华文脉得以在河西传承。在他的引导下，其后世子孙都沿此路线代代经营，共七十六年。此为前凉。

后凉为吕光所建。吕光于前秦建元十八年（公元382年）九月带兵讨伐西域，因前秦灭亡而于公元385年在凉州割据。他从前秦走时，带了七万多关中子弟和很多文士，从西域回来时，又带来了两万多头骆驼，上载无数珍宝、僧侣、艺人，这些都留在了姑臧。这意味着吕光不仅又一次把关中的人和文化带到了凉州，而且还把西域之地的文明也集聚到了凉州，使东西方文明有了一次较大的融合。他也非常重视儒家之教化。此后的北凉、南凉皆以姑臧为中心发展儒家文明。而西凉则以酒泉、敦煌为中心，向新疆的南疆地区辐射，经略西域，再一次把先进的农耕文化、灌溉技术、儒家礼教接引到西域。

河西之地从建立四郡始，就从西域版图中脱离，经过五百多年的经营，尤其是五凉时期近一百五十年的快速建设，已然成为中原视野中的文明教化最昌盛的区域之一。故而，陈寅恪先生认为，经过魏晋南北朝的乱世，中华文脉凋零，而河西一地尚有保存，其"上续汉、魏、西晋之学风，下开（北）魏、（北）齐、隋、唐之制度，承前启后，继绝扶衰，五百年间延绵一脉"。

以此而观，五凉时代的边疆治理，为我们今年的边疆治理提供了一种文化治理范式。

西学东渐，文明交流互鉴

如前所述，早在夏早期，青铜器经中亚传至凉州，再至中国四方。从大地湾一带和新疆出土的文物和遗迹来看，结合皇娘娘台遗址发现，早在四千年前凉州一带就有了粮食作物以及烹饪技术，说明小麦等作物就已经在这里得到交流发展。而从祁连山一带的岩画来看，有学者认为，河西地区是中国最早进行六畜驯化的地区，如果这样来看，祁连山一带的文明应当要早于中原文明。从彩陶的考古来看，凉州及河西走廊一带也在四千年左右就有了很好的交流与发展。从玉石考古来看，凉州也是西域与中原地区玉文化交流的重要驿站，皇娘娘台的考古可证明这一点。玉石被认为是黄帝至夏以来祭祀之礼器，同时也是朝廷运用最多的礼器。

这些都说明在上古时代凉州就作为中西方文明交流的重要区域。

汉以来开通的丝绸之路，是中原文明与西域文明交流的伟大通道。美国历史学者斯塔夫里阿诺斯在其《全球通史》中认为：人类文明总体可分为两个时期，一个是公元1500年以前的陆地文明时代，这一时期丝绸之路是人类文明交流的主要通道，丝绸之路在中国段的咽喉要道便是河西走廊，而凉州长期以来又是河西走廊的首府，故而凉州在整个人类文明的交流中发挥着不可低估的作用；另一个是公元1500年以来的海洋文明时代，主要以沿海一带为主。英国牛津大学历史学者弗兰科潘不久前出版《丝绸之路：一部全新的世界史》，进一步阐释了这条伟大的文明通道的历史逻辑，让世人认清了一个基本的历史事实，即近五百年以来的世界史是欧洲文明中心主义主导的世界史，缺少了亚洲文明的伟大参与。这也可以由中国明清以来主要以东南方沿海一带为发展方位的中国历史证明。如此一来，我们可以看到，中国历史在五百年以来的全球史中被遮蔽，同理，凉州与西北历史文明在五百年以来甚至北宋以后的千年间被渐渐淡忘，一些文明源头被遮蔽，这是我们今天重新讲述雍州和五凉文化的重要原因。

但有一个历史逻辑是基本清晰的，没有被遮被，即佛教、伊斯兰教与其他文明从西向东传播的事实。从东汉明帝刘庄在永平八年（公元62年）梦见一发光金人而正式引进佛教以来，专门接引佛教人士的官方机构白马寺建立，然后，西方僧人源源不断地从印度和月氏等地来汉地译经传法，在魏晋时代尤其频繁。他们大都是从敦煌一带进入河西走廊，然后进入长安、洛阳等地。前凉张氏的最后几代君王都对佛教有亲近，所以凉州姑臧就成了译经传法的重要城市。那时，中国另外几个译经胜地是长安、襄阳、庐山，而凉州是西来僧人们的必经之地。从《高僧传》可以看出，佛图澄、鸠摩罗什、昙无谶、昙曜等很多著名高僧都与凉州结缘。佛图澄在凉州重修了莲花山寺，鸠摩罗什在此驻锡十七年传法译经，昙无谶在凉州翻译了很多佛经。只有昙曜的出生地一直是一个谜，据说他可能是凉州人氏，在北凉时代，他不仅开凿了天梯山石窟，还开凿了云冈石窟。所以天梯山石窟称为中国最早开凿的石窟，被称为"凉州模式"，而敦煌石窟虽说是在公元366年由乐僔开凿了第一个佛窟，但里面的塑像和壁画等都是从北凉时期开始的，故而也说天梯山石窟是中国"石窟之鼻祖"。除魏晋南北朝和魏、周时期之外，隋唐时期是凉州佛寺发展的第二个时期，大云寺、恒沙寺、莲花山寺、海藏寺、鸠摩罗什寺、松涛寺等一批寺院得以重修和新建。这些寺院在明清时期又得以重新。它们使丝绸之路上的凉州在稳定传承中原文化的同时，又加入浓厚的佛教文化。从另一个角度来看，佛教文化自龟兹等地传入敦煌，一路向东，在凉州与儒家、道家文化相融合而实现了第一步中国化。

从西方来的不仅仅是佛教和后来的伊斯兰教、祆教等精神文化，还有浩浩荡荡的物质文明，如小麦、洋芋、番瓜、西瓜、西红柿、香料等。从上古时代至明以前，这些从西方传来的农作物和蔬菜在今天仍然是我们的主要食物，养育着黄河流域的中国人，甚至大半中国人。当然，中国的历法、彩陶、玉石、丝绸、瓷器和四大发明技术也经由凉州和河西走廊源源不断地传播到中亚、西亚和欧洲，影响着整个世界的发展。

民族融合，共创华夏文明

因为祁连山位于青藏高原北麓，这使凉州与河西走廊处于独特的地理位置，其南边自古是羌人、藏人、吐谷浑人和各种西戎胡人，而北面是羌人、月氏、乌逊、匈奴人和各种被称为西戎的胡人，其西边是新疆无数来来往往的少数民族。这就使得凉州与河西走廊一直处于民族冲突与融合的历史之中。

《史记》云："大禹起于西羌。"一些学者认为，居住于昆仑山上的西王母国乃古羌人，甚至于最早在昆仑山上画八卦的伏羲也有古羌人之说。"华夏"之说始于黄帝之时，取礼仪盛大之意。故而今天我们已经不能确切地考证伏羲、黄帝、大禹到底是什么族人，但他们都共同创造了华夏文明，是华夏民族的先祖。此乃上古民族融合。

从周时期，月氏人长期居住于凉州与河西走廊，后来匈奴人将其赶往河西走廊西边和新疆北部的伊犁河畔。匈奴人还把居住在凉州与河西走廊上的乌逊人也赶到了伊犁草原上。月氏人后来又被迫迁徙到了中亚的月氏山一带，在那里建立了新的国家。这便是汉武帝派张骞出使乌逊与月氏的原因。月氏人在凉州与河西走廊居住了很长时间，与周朝差不多同时期，有六七百年的历史，算得上是真正的土著了。他们在今天的阿富汗一带先建立了小的国家大月氏国，后来又把周边小国合并，建立了与匈奴、汉帝国、波斯帝国、罗马帝国并立的贵霜帝国，并发展了大乘佛教。我们一直认为，从丝绸之路和其上古历史来看，中华民族向外传播着文化。《史记·大宛列传》记载，西王母国去了两河流域的条支国，自然把华夏文明的一部分传到了那里，而月氏人又把他们的文明也传到了中亚。从各种史料可以看出，古羌人、月氏人、匈奴人都有天人合一、道法自然的思想体系，也有十天干、十二地支的历法和各种礼仪，这些都传到了中亚和西亚。今天，还有学者说，十二属相、十二地支等思想都是从西亚传来的，大概谬矣。相反，可能恰恰是由凉州和河西走廊上西迁的各种民族传播过去的。

汉帝国将匈奴人赶往欧洲，使罗马帝国分裂为东罗马帝国和西罗马帝国，匈奴人也融入其中（另一部分融入中国）。匈奴人在凉州与河西走廊上也生活了一百年甚至数百年，也算得上是这里的土著，他们融入欧洲，把他们的文化带到欧洲，对欧洲也产生了很大的影响。

此后是魏晋南北朝时期。除前凉张氏家族和西凉李暠家族为汉人外，后凉吕光为氐人、北凉渠沮蒙逊为匈奴人、南凉乌发秃孤为鲜卑人，他们共同创造了灿烂的五凉时代。与此同时，从东北过来的鲜卑吐谷浑族又盘踞凉州南山三百五十年之久，在唐时灭国。唐朝极盛之时，吐蕃国也强大起来。安史之乱时，吐蕃占领了凉州与河西地区，此后统治长达八十年左右。唐朝《张司业集》中的《凉州词》写道："驱我边人胡中去，散放牛羊食禾添，去年中国养子孙，今著毡裘学胡语。"王建的《凉州行》也写道："多来中国收妇女，一半生男为汉语。蕃人旧日不耕犁，相学如今种黍。"这些反映了汉蕃人民在生活习性上相互影响的状况。

后来又是西夏占领凉州，统治达二百年左右。在武威出土的西夏碑是今天研究西夏历史文化的重要依据。然后又是蒙古人在这里统治，凉州区永昌镇的高昌王碑有明确的记载。元时由阔端和西藏宗教领袖萨迦班智达在凉州共同商议以和平方式将西藏纳入蒙元版图，史称"凉州会谈"。会议后，班智达向西藏各地人民颁发了《萨迦班智达致蕃人书》。同时，藏传佛教也得到蒙古人的尊重。在凉州生活了八年的班智达的侄儿八思巴后来被尊为帝师，并为蒙古人创立文字。八思巴使蒙古人信奉佛教，放下了屠刀。

与此同时，自汉至蒙元时，中亚、西亚乃至欧洲的商队络绎不绝来到长安、洛阳、杭州、北京，凉州一直是他们最好的中转站。他们在这里住一段时间，进行各种补给，然后东行。他们的一些人甚至留在了凉州，其中汉时的罗马人、波斯人和唐时的粟特人留下来的最多。故而可以说，整个凉州与河西走廊是汉族人和中华各族人民甚至世界很多民族共同创造的乐园。

多元融和，艺术之花盛开

《新唐书》《礼乐十二》卷写道："周、隋管弦杂曲数百，皆西凉乐也。鼓舞曲，皆龟兹乐也。"这使人非常震惊。唐朝的音乐来自周隋，而周隋之乐除了一些散佚的旧声外，新声皆来自凉州，所谓管弦乐皆自西来。唐代的《霓裳羽衣舞》也出自凉州，史料显示，是当时的凉州节度使杨敬忠所献。唐玄宗好音乐，喜羯鼓。他常常对人说："羯鼓，八音之领袖，诸乐不可方也。"羯鼓，本是西域之乐，龟兹、高昌、疏勒、天竺部皆用之。杨玉环是舞蹈家，喜跳胡旋舞，而胡旋舞也出自凉州。但凉州又是怎么得到这些音乐和舞蹈的呢？皆自西方诸国而来。

从今天敦煌的壁画中可以看出，唐时用的乐器有很多，如琵琶、竖箜篌等。竖箜篌是汉代从胡人那里引进的乐器，而琵琶则是唐代引进的胡人乐器。还有筚篥也是从西域引进的。这些引进的乐器在中国用的时间久了，就与中国的一些乐器相借鉴，进行改造，进一步中国化了。如琵琶就是与秦汉以来中原的弹拨乐器弦鼗（后称阮、秦琵琶）相结合的产物。

《霓裳羽衣曲》据说名唤《婆罗门曲》，而此曲的散序部分由玄宗创作。乐曲《婆罗门曲》产生于印度，有人考证它就是天竺国的古佛曲《迦陵频迦》，经西域传到凉州。白居易《霓裳羽衣舞歌》中也说："由来能事各有主，杨氏创声君造谱。"这"创声"二字说明《婆罗门曲》在凉州已经被杨敬述改编重新创作，这也是学者们皆认为《霓裳羽衣曲》出自西凉伎的缘故吧。

唐时的边塞诗是整个古典诗歌中最为独特的，有兵戈铁马之声。再往前追述，汉时武帝作《天马西极歌》时，那种壮阔与英雄气也与边塞诗风相合。如果再往前追述，便是《山海经》中所述夏启在昆仑得《九歌》，这已是天子之歌。司马迁在《史记·六国年表》中言："'东方物所始生，西方物之成孰'。夫作事者必于东南，收功实者常于西北……"此乃道法自然。西北乃与立冬时节对应的方位，乃乾位，乃君位。《易经》中云，天马对应乾位。这似乎是《九歌》《天马西极歌》与边塞诗产生的内在原因。也大概是这样的原因，自古西北就是牧业甲天下，天马出自这里，皇家军马场山丹军马场也在此建立。

从绘画来讲，敦煌壁画是西北绘画的代表，其颜料、色彩和故事都是世界上罕见，无与伦比，独特非常。而书法在敦煌一带的张芝那里，突然生出浪漫之意，形成了大写意的草书，为世人所惊叹。即使是由一般官吏们日常书写的汉简，也有非常之处，是其他地方所没有的。到了唐时，凉州与整个河西走廊流行的抄经活动，使唐楷成为一种日常书写，今日来看，其意蕴中和，形神圆润，与其他书法有别。

而所有这些，在北宋之后几乎断流，但在二十一世纪的今天，在复兴传统文化、发展文化自信的今天，再一次被发现，并与今天的时代精神和技艺相融合，必将形成新的凉州气象。

雍州如何变为凉州

今天的凉州人、甘州人、肃州人甚至武威人在介绍自己的历史时，往往会说，自己的地方古属雍州，凉州人还特意会说是雍凉之地，但不清楚什么时候属于雍州，也不清楚什么时候变成了凉州。稍稍懂点历史的人一问，便把他难住了。我就曾经遭遇过很多次这样的尴尬处境。不过，遭遇得多了，便也就开始查一些史料，弄清楚这段历史。

在我看来，《山海经》可以看成中国第一部山水地理志。当然，近代有疑古派认为其是汉人伪作，司马迁则认为其上所说都是神仙鬼怪，不可相信，所以与孔子一样"从周"，以周之地理为准，如此便对雍州的描述矛盾重重。西方人以考古学将《荷马史诗》和《圣经》中的很多故事确定为真实的历史，且从地下挖出实物，甚至城池。孔子时没有考古学，未曾见过甲骨文。司马迁时当然也没有，所以不敢相信雍州之说。但是，对于今天的中国人，则要有勇气重述中国之上古历史，《山海经》便是重要的文献。

但要读懂《山海经》，首先要对古代巫史结合的经世思想有理解，此经世思想除阴阳五行和八卦易理外，还有《河图》《洛书》传达的九宫图理念。在道法自然的古人看来，人类首先是师法地，而地要师法天。天是什么？是太阳月亮的出没，是星空的运行。古人在长久的迁徙中"仰观天象"，产生了最古老也最相互的天文学思想。这就是《河图》的密码，《洛书》则是师法地的密码。某种意义上讲，《河图》《洛书》就是天地的密码。在此基础上，圣人则之，产生了易经八卦思想。既然天上是九宫图，所以大地也应当是九宫图的格局，这便是九州的思想来源。

故而，《山海经》基本上可看作大禹开山导水制九州的一个山水图，虽然有些地方语焉不详，是因为后来的地形变化、名称变化以及版图大大缩小的缘故，那时是诸侯联盟的形式，后来是单一国家的格局，所以有些东西我们无法解释清楚，但是，大的图形还是有了。甚至于说，那就是中国人第一次进行天下（世界）治理的图志。那时的雍州是什么格局呢？

《史记》上说："黑水西河惟雍州。弱水既西，泾属渭汭。漆、沮既从，沣水所同……三危既度，三苗大序……织皮昆仑、析支、渠搜，西戎即序。"接着，对导水也作了说明："道九川：弱水至于合黎，余波入于流沙。道黑水，至于三危，入于南海。"

《山海经》里有一个"丰沮玉门山"，很多人都没有对此进行解释，因为我们的目光一直在敦煌以东，甚至在陕西以东，但如果看看今天还保留着的一些昆仑山下的古地名，就会发现还有丰县、沮县等，自然那时也有沮水、丰水。三危山当然在敦煌，而三苗就在三危山一带生活。这说的难道不是雍州的最西边吗？《山海经》上说，那里是天地的边界，月亮和太阳都从那里出入。大概在古人看来，世界就这么大了。

这把西边的位置就确定了，到了葱岭山界。东边呢？指的是龙门西河，就是山西的龙门石窟一带。其实，这就是河西河东的地界。比如，匈奴数犯中原，大体上就是以云中、代两郡为边界，也就是今天的山西、河北北部，以南就是中原王朝。《山海经》是以山水为界，且是标志性的山水，所以说黑水、西河，但并不是明确地说就是到黑水结束了，黑水以西的地方仍然包括在里面，同样，西河以东的一段地域也在里面。这个要以古代少数民族游牧的区域来定，而不是今天我们的生活区域而定，当然，在地理上来说，今天仍然能找到很多佐证。

那么，南面的边界大体在哪里？沿着今天陕北地区向南行进，甘肃的庆阳以及整个秦文化所含的甘肃陇南和天水地区都在里面。向北，就到了宁夏北部和内蒙古的一些地区。

为何以雍州命名？大概是源于陕西省凤翔县境内的雍山、雍水吧，且这里曾经有一段时间是一个中心区域。大禹之时，分九州主要是给山川定位，也并没有分九个诸侯。这是要让天下与天上合。《山海经》中有诗为证："帝乃命禹卒布土，以定九州。"

《史记》上说，"大禹起于西羌"，其实说的大概就是起于雍州吧。大禹定九州之后，雍州以东逐渐成为政治中心，雍州地界开

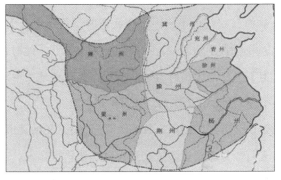

始慢慢变小。夏商二代，雍州时存时亡。周时，穆天子重夺雍州，
西见王母，但很快就失去，所以，到五百年之后的孔子时，雍州
已基本属于域外。秦起于雍州地界，当然是小的范围了，等秦夺
得天下后，把长城修到了泾渭之界，其以西之地便不再属于帝国。
到了秦亡之后，项羽攻下咸阳时，以为天下已定，分封十八路诸
侯。当时韩生建议项羽做关中霸主，项羽豪情满怀地说："富贵不
归故乡，如衣锦夜行。"真的是情志超越于帝王，无怪乎司马迁要
以帝王一样的礼遇来对待项羽。如约，他本来是要把雍州之地封
给刘邦，但为了牵制刘邦，就把巴蜀之地封给刘邦，为汉王，而

把雍州之地封给章邯。但此时的雍州已经变小。关陇地区在大禹时本身属于雍州，此时关中发达，所以项羽把关陇地区分为三个国家：雍国、塞国、翟国。雍州便领有咸阳以西地区，包括秦朝的陇西、北地二郡地，但是，青海、河西走廊都不在其中。陇西的长城把原来的雍州分界了。后来刘邦灭了章邯，雍国从此灭亡。雍地被分为陇西、北地二郡。

而雍州的另一半辽阔山河此时不是汉家天下，羌戎无数，纷扰不已，故而汉家江山不稳。直到武帝时，重新展开大禹图志，面向西北，收服古雍州之地，逐匈奴于天山以北。此时，武帝重作九州，但天下已与大禹时有了大不同，昔日荒地关中地区已是政治经济中心，所以作十二州。此时雍州再起。

汉武帝以"五经"治国，首经为《周易》，又纳百家为一家，故而阴阳五行、道家学说、法家思想等统统集于儒家，有了新儒家。儒家是以文王、周公心法为大法。周文王时已将后天八卦演变为六十四卦，周公所说补了卦辞，后来的孔子将其编纂为《周易》。汉武帝用的也自然是后天八卦，中央为土，四象为木火金水，分别代表东南西北，在卦象上也分别为震、离、兑、坎，又加四个方位，分别是西北为天，为乾位，属君位；东南为风，为巽位，属长女；西南为地，为坤位，属地母；东北为山，为艮位，属长男。

大禹以九宫图定九州，所以，在西北疏通之后，武帝于公元前106年把天下分为十三州，也是效古代圣王之法确立天下。中心从过去河南地区移到了陕西，为司隶部；原来北方的冀州缩水，北州在正北，冀州和幽州在东北方，青州、兖州、徐州在东方，而豫州发生稍稍位移，在中央的东南部，亦可看作是中央附属之地。扬州为东南之地，荆州和交州在南方，益州在西南，凉州在西北。我们发现，原来雍州的一部分变成了中央位置，另两部分被分配到了并州和益州。雍州也从原来的正西位置消失，而凉州则在西北位置，属于乾位，乾在气候上则属寒凉也，故而凉州以作。

这正是扬雄作《凉州箴》的思想。他把《雍州箴》改为《凉州箴》便是雍州已失，而凉州始作。我们可以进行一些对比。《雍州箴》如下：

黑水西河，横截昆仑。邪指阊阖，画为雍垠。上侵积石，下碍龙门。自彼氐羌，莫敢不来庭，莫敢不来臣。每在季主，常失厥绪。侯纪不贡，荒侵其寓。陵迟衰微，秦据以戾。兴兵山东，六国颠沛。上帝不宁，命汉作京。陇山以徂，列为西荒。南排劲越，北启强胡。并连属国，一护攸都。盖安不忘危，盛不讳衰。牧臣司雍，敢告赘衣。

修改过的《凉州箴》如下：

黑水西河，横截昆仑。邪指阊阖，画为雍垠。每在季主，常失厥绪。上帝不宁，命汉作凉。陇山以徂，列为西荒。南排劲越，北启强胡。并连属国，一护攸都。

可以看到，最后删除了"盖安不忘危，盛不讳衰。牧臣司雍，敢告赘衣"。从此，牧臣不再司雍，而是司凉了。此时的凉州还包括陕西的部分地区，但武都郡属于益州，北地郡属于朔方了。

如果说西汉时的十三州还只是一个概念，州刺史也只是履行监察等权力，那么到了东汉灵帝时（中平五年，公元188年），州牧就变成了实权行政长官。到了兴平元年（公元194年），又分凉州部分地区和三辅地区置雍州，汉所在今长安。天下为十四州。此时的凉州有金城、西平、武威、张掖、酒泉、敦煌、西海等七郡，下辖四十四县，约等于现在的甘肃省。所以甘肃一度也被称为凉州。

雍州的设立在汉时天子的头脑里始终纠结。雍州失去之时，等于西方就失去了，而此时真正的西方是西藏和青海的一些地区。

所以，在西汉昭帝始元六年（前81年）时，有大臣报说在兰州一带发现了金子，于是置金城郡。西方为金，金城郡在一定意义上补充了西方缺失的地理方位，将天水、陇西、张掖郡各二县分离出来，属金城郡。所以金城兰州的位置填补了重要的位置。现在，金城兰州仍然是中国地理版图的中心，就东部来说，它还是西方的开始之地，是西北的出发点。

汉末，朝纲纷乱，礼教不存，道德败坏，天下割据势力再起。三国时期，凉州不仅拥有先前的甘肃大部分地区，还有今天新疆的部分地区，所以曹丕篡汉以后，觉得凉州太大，而且郡所在陇西，离河西四郡太远，于是新建了雍州。凉州地界为金城、武威、张掖、酒泉、敦煌、西海、西平、西郡等一带，而雍州为京兆、冯翊、扶风、北地、新平、安定、广魏、天水、陇西、南安一带。

此时凉州的郡治才到武威郡的姑臧县。金城郡除了榆中、红古、西固、永登和永登南的枝阳几个县之外，还包括今天青海的化隆。西平郡包括今天青海的西宁、长宁、平安、湟中一带。武威郡包括姑臧、古浪、永昌、民勤、会宁、靖远一带。张掖郡包括今天的张掖、临泽、山丹、民乐和永昌县的部分地方。酒泉郡包括今天的肃州、高台、玉门等地。敦煌郡包括今天的敦煌、安西等地。西海郡则为今天内蒙古的额济纳旗东南的居延县。

此时的凉州虽然小了，但仍然比今天的河西走廊要大。不管怎么分，从历史上来看，河西走廊始终是以祁连山为龙脉，山南山北始终为一家，所以祁连山南部的青海很多地区，始终属于凉州地界。

　　直到晋朝永嘉年间，八王之乱使西晋大乱。此时，张轨出任凉州刺史。张轨对凉州的意义十分重大。他带去了关中的儒家文化，并在那里一心经营，遂开五凉文化的先河。河西走廊正式步入文化凉州的时代。

畜牧甲天下

凉州最早的文化类型是游牧文化，神话的西王母族、黄帝族与共工族，大概都是羌人，到后来的羌人、月氏人、匈奴人，再到西夏党项族、回鹘族、蒙古族，还有外来的粟特人等，都是游牧民族。汉武帝时期是凉州由游牧文明向农耕文明的转折。

汉武帝设置河西四郡后，凉州的畜牧业一度非常发达，就是所谓的凉州畜牧甲天下。发达到什么程度呢？据史书记载，凉州很早就有六畜，六畜指的就是马、牛、羊、猪、狗、鸡。这样兴盛的文化影响延续至今，武威人过年的时候写对联，要写"六畜兴旺"贴在羊圈、牛圈的门上。我小学三年级的时候，父亲就让我练毛笔字，希望将来能写春联，大概五年级时写过一次，结果把"六畜兴旺"贴错地方了，至今还记得。"六畜兴旺"仿佛凉州人记忆最深处的东西，牢不可破。年年要写这个。即使现在都不大养牲畜了，羊圈也空了，但仍然不会忘记在那里贴一副对联，上面的横批仍然是"六畜兴旺"。可见凉州畜牧业之发达，由畜牧

业产生的文化影响之深远。

　　小时候，还在公有制经济时期，我们村有很多牛、羊、马、骡子。我家的北边曾经是一个很大的打麦场，再往北走，就是生产队的圈，里面啥都有，每夜都有人去值班。我们经常在那里面玩。很快就到了包产到户的年代，我们家到底分了几只羊和牛，我们小孩子不清楚，但父亲买了很多羊。我们暑假做的事就是放羊。早上起来，带一个馒头，那时也不拿水，是没法拿，没设备，渴了就到附近找井水喝。再后来，等到九十年代时，牛、羊、猪还在，但开始慢慢退出历史舞台。现在只剩羊和鸡了。父母天热时回到乡下有事干了，天冷时进城就要把羊和鸡都卖掉。现在我父母还养着三只羊和十几只鸡。这便是他们的农家日子。

在《汉书·地理志》上记载："自武威以西……地广民稀，水草宜畜牧，故凉州之畜为天下饶。"这里的武威显然多指今天的武威地区，当然也有变化，而凉州则指整个河西走廊、青海北部，还包括兰州一带。"凉州畜牧甲天下"这句话出自《金史》里的《夏国传》，书中写道："南界横山，西通西域，东距河西，土宜三种，善水草，所谓凉州畜牧甲天下者也。"从这两段史书的记载中我们可以看到，从汉代到宋代，凉州的畜牧确实是甲天下。这种盛况一直到明代时开始发生变化。明代的时候大规模开垦土地，

（张掖南山里的高山草原　拍摄：董彦成。）

农耕文明普及化，凉州地区的畜牧业被慢慢削弱。

　　是什么条件决定了凉州的畜牧甲天下？凉州又有哪些独特的自然条件和风土人情，让它在历史长河中以畜牧业为中心，散发出耀眼的光芒和无穷的魅力呢？最主要的原因是河西走廊独特的地理环境。之前甘肃旅游业有一个口号："丝绸之路三千里，华夏文明八千年。"丝绸之路三千里指的就是河西走廊，华夏文明八千年指的是大地湾和伏羲文化。这样丰富的历史和地理资源，造就了河西走廊的独特性。

贤孝的道德教化

1

我这个年龄的一代凉州人，都还有一种记忆，但几乎从下一代人开始，它就绝迹了。这就是凉州的贤孝。

记忆往往是在冬天，所有的事情都办完，大家开始冬藏休眠的时候，村里就会有人家请来一两个瞎贤。他们基本天生都是盲人，很小的时候就被家人送到武威城东南的张义山里，据说那里有教他们唱曲儿的师傅。他们无法识字，只能靠记忆来背诵下无数的唱词。我至今无法想象他们是如何完成这些教育的，要知道，让他们理解那些唱词也是一件艰难的事情，更何况背诵好多个夜晚都唱不完的曲子。这是比我们上大学都要艰难的一件事。

他们很小的时候就跟着师傅到处讨饭，唱曲儿，以此为生。我们叫他们瞎贤。我们村里条件好一些的人家，会在冬天请瞎贤唱贤孝，一般都要连续唱三个晚上。白天大家都睡觉，或者干一些零星的农活。我们那时小，挤不到炕上去，便围坐在火炉周围，只听见包公怎么见阎王的事，便觉得这世界好是神奇，回去后就问大人，真的有阎王吗？大人们有的说有，有的笑而不答，有的则否定。但我们往往等不到夜里十一点就瞌睡得不得了，回家睡觉去了。

有些瞎贤会在秋收时就开始到处跑了，他们手里各拿一个木棍，在一群狗的狗吠里进得家来。祖母给他们馒头，他们便会唱一段曲儿，大概是小曲，大家最爱听的是《五哥放羊》之类的。我看见他们的眼睛只是个形式，有些眼皮没开，有些则半开。大人们说，有些瞎贤能看见一点点，但很模糊。

所以，我一直有一个梦想，等我们有钱的时候，也要请瞎贤来家里唱贤孝，要把村里人都请来听，甚至可以唱上一周或半个月。这是父亲曾经的梦想。可是，等到我上大学以后，就再也没见过他们的影子。再见时，他们已在武威的街头弹唱，面前放一个碗，过路的人随意扔下几毛钱，已经没有人能倾听完他们的一曲。他们也再无过去的尊贵。过去可是把他们待为上宾的，好吃好喝的供上，走时要厚礼相待。我们家那时穷，还没能力请他们来。

再到后来，他们被城管赶出城去，不知去向。如今的人们已无冬天了，即使是寒冬，也要去城里打工挣钱，乡村正在向城市涌去，大地上空空荡荡，瞎贤们失业了。等到我们兄弟有能力请瞎贤唱贤孝时，已经不是时候了。

我常常在想，当年释迦牟尼弃太子之位，甘愿以乞讨为生而布法时，他为何要选择这样的生活呢？难道不能办大学？开私塾？而且他总是有那么多弟子，为何每一次说法时先要去亲自去乞讨吃过后才说法，为何不让弟子们去做这些事呢？

后来我才明白，乞讨是这世界上最低级的生活方式，恐怕再没有比这种方式更没有尊严的了。但是，每一次乞讨，都是要与陌生人结缘，他要让这些陌生人能够认识佛法；每一次乞讨，都是要让对方进行一点点施舍，而那一点点慷慨的施舍，正是他创立的佛教大法中最大的功德——布施，他要让人们值得布施，而这些布施正是布施者此后的因果；每一次乞讨，都是让人们进行无相施，而无相布施是最大的功德；每一次乞讨，都是教给弟子们平等的观念，绝不高高在上，而是以身作则……乞讨，是如此的高尚，他以柔软而卑微的方式令世人发现自己的善良与慷慨，以此来教育世人。

更何况，那些瞎贤们口里吐出的全是教人向善行孝的忠言，这难道不是伟大的教育吗？这是文庙外另一座在大地上建立的寺院。由是，我对这些人充满了尊敬。因为尊敬，后来便开始去发现他们，研究他们。

2

张轨任凉州牧时，河西走廊以及青海北部已经从游牧文明转向农耕文明，靠的主要是儒家的耕读传统。耕是一种生产方式，说的是农业，当然也伴随着一定的畜牧业，把人们定居到大地上；读则是儒家的教育，读《五经》（汉时）、《十三经》（宋时）、"四书五经"（明时），让人们知常守礼。这就是文化凉州的开创，也使凉州文化即河西文化成为与齐鲁文化、关中文化、江南文化、岭南文化并列的一大文化。它的特点就是儒家农耕文明与西北游牧文明的融合，并非像陈寅恪先生所讲的只有儒家的礼乐传统。

五凉之后，隋唐时期的高度开放使河西走廊成为帝国与整个世界交流的走廊，国际化程度极高，所以国际化和西域化又是一种改变。岑参的"凉州七里十万家，胡人半解弹琵琶"，前一句说的是凉州农耕文明的繁盛，后一句则说的是其国际化和胡人化特征。

宋时是乱世，河西走廊被西夏控制，而西夏人几乎没有自己的文化，他们信仰的是佛教，世俗生活中多用儒家伦理治世，性情又是游牧民族的，非常复杂，但恰恰与河西走廊的情形相似。武威的西夏碑、张掖的大佛寺以及额济纳旗的黑城都在诉说着当年的生活与政治图景。所以从隋唐至宋，河西走廊的文明再次突显出与中原和其他地区不同的特征。但其实从大处来看，西夏所控制的地区，恰恰与大禹时雍州有大部分重合，而与汉以来的凉州更是吻合。从某种意义上说，它是河西走廊及其以东至宁夏地区天然地属于同一区域的特征所决定的，也许它正是过去匈奴时代右贤王所辖区域。所以，从文化的中心意义讲，仍然是另一个凉州的再造，只不过，它东部的中心成了银川，而西部仍然以武威为副中心。

西夏在凉州的历史看上去只是岁月赓续而已，并没有留下什么特别的文化，但明代就不同了。北宋五子继绝学《周易》、中庸等往圣之思想，意图振新儒学，终于在程朱之手完成了这一集大成的学术任务。但程朱理学开出的书单"四书五经"在实践的过程中过度重视了礼教，这当然是后面要讲的内容。这里要说的是，从北宋之后，书院的兴起成了中华绝学继往开来之路上的重要基石。由于历史上的儒学记忆，凉州便自然成为儒家文化教化的中心之一。武威文庙就是在那时修建的，经过明清两代儒士们的全力兴建，终被誉为"陇右学宫之冠"，说明儒教之风气在凉州大地上蔚然成见。

这是文化凉州的简史，但细说起来，则千丝万缕，纷繁复杂，几句话不可概括。单从传播儒家文化教义这件事上来讲，就可以从文学艺术、政治教育、日常伦理等方方面面去细数细究，而文学艺术也可以从文学、音乐、舞蹈、戏剧、绘画、建筑等诸类再一一细考。这里只说一种快要灭绝的艺术，即贤孝。

贤孝是凉州和河州（临夏）一带流行的曲艺，那时候，河州一度为凉州管辖，从大的区域来讲也属于凉州。同时，河州有花儿，大概这种曲艺又反过来影响了贤孝的艺术方式。凉州贤孝又称"凉州劝善书"，河州贤孝又称"河州唱书""贤孝弹唱""河州三弦善书""临夏贤孝""河州调"等。据一些学者研究，认为它们形成于明末清初，因为主要宣传劝善惩恶、忠臣良将、妻贤子孝的思想而被人命名为贤孝。

但由于时代和地域的影响，贤孝又岂能以单一的儒家思想为内容。我们常讲的儒释道合一，可能在贤孝里是最能说明这种融合了。那些故事里，有地狱，有阎王，有神仙，有菩萨，有因果报应，有扬善罚恶，有礼教，有伦理，有道，有德，几乎是融儒释道于无形。想起小时候，那些闲下来的人们坐在炕上，静静地听瞎贤们唱因果报应、善恶轮回和孝子贤孙，我想，人们的内心是安静的，对这个世界是充满了信任的，自然，他们的内心也是又一次接受了洗礼。

这是多么好的一种教育。现在人们都富裕了，接受教育的方式也多得不得了，可是，不信了，内心再也没有安宁了。这是令人揪心的事。

3

凉州贤孝相传是由清朝年间凉州区长城乡红水村一位姓盛的落第秀才创立的。这便使人想起孔子、老子、释迦牟尼以及蒲松龄等，他们要么是人生不如意，要么是舍去富贵，但内心的信仰越发坚定。大概也只有舍弃了物质方面的宝贵，才有纯粹的心灵去从事教育。我想，这位秀才是值得歌颂的。他是我故乡的英雄。

他既给了那些苦难中的盲人一口饭，又给了他们崇高的事业。当然，那些盲人也许并不能体会到这一点，他们的内心也许全是世俗的名利与福贵，这是可以理解的，但在这种得不到的情况下，那些教育何尝又不是他们自我拯救的法宝呢？所以，那些相信所唱故事的瞎贤们便是这世界的贤者。我常常想起史铁生小说《命如琴弦》中的两个盲人，他们是真的苦难者，是没有超越世俗未能领略佛教真义的迷者。

关于那把迷人的三弦琴，有人研究说是来源于西夏，但这仅仅只是一种形式而已，况且这种形式有时也伴以胡琴，仔细想想，反正它们都出自西域的乐器，只是不知道什么时候成了三弦琴了。我曾经到张义乡走访过一些老者，他们告诉我，那些瞎贤学艺是非常艰辛的。有句俗语说出了一切："瞎子不念书靠死记。"据说过去瞎贤拜师还有一套严格的程序，先由一些贤者作保，再把小盲人领至师傅跟前，师傅并不是都要收，而是一看有没有天分，二看有没有缘分。师傅往往是"一摸额二摸手三摸脚板"，额宽手细脚板硬才能过关。这个是有道理的，说额宽者聪明，有仁人之心，能体会其中的道理；手细者敏感有才情，也就是有些天分，是可以学琴的，能表现贤孝的真谛；脚板硬是身体，脚大才能走天下，脚小就只能待在家里，这是相面术。但这仅仅是第一关。

第二关是看有没有学习的艺术能力。往往师傅会先唱一段，然后让徒弟唱，这是一考记忆力，二考音质。若是短期内不能记住唱词是不能从事这一行的，若是五音不全、音色粗糙者也是不能从事这一行的。

第三关是在学艺期间。一要看你和师傅有没有缘分，所谓缘分当然是彼此心灵相通，能够相依为命，而且徒弟有待师傅为父亲的亲近和爱戴才可以，否则就是无缘。这个就是传的道德和伦理了。只有达到这一个境界时，师傅才会把自己的绝学传给徒弟，否则，师傅就会等待下一个徒弟。二是看你能不能创出品牌，成为一家，至少要有特色，这才算是出师下山。

以上三点，与所有道士修行是一样的。这也是中国过去道术传承的特点。据说那些小瞎贤们背诵曲目时一直待在地窖中，直到记熟曲目才能出窖。这与苦行僧是一样的。这便是修行。

然后便是学习弹弦子和唱曲儿。那些曲调，据说是保留了许多古老的唱腔曲牌，吸收了凉州杂调和地方民歌的特色。这些曲调流畅、富于变化，即兴性很强。我常想，它们是否还保留了远古先民西羌、月氏、匈奴的一些特色呢？大概是谁也不说不清了。反正这些音乐，与中原和南方的音乐相比，是太有西北风味了。

据研究，这些贤孝都有专门的曲调，与现在的唱法一样，也是先有"过门"，用八谱儿起调，再变换调子，再唱歌词。歌词也是与《诗经》和汉乐府诗中的一样，几乎都采用赋比兴的手法，先说天地自然的事物，然后类比再讲人的故事。这些故事当然也是非常讲技巧，先有悬念，然后一个个解开，中间悲欢离合，情绪起起落落，真的是引人入胜，欲罢不能。

至少唱的故事，大多都是中原传来的，皆为儒释道之经典教义，教人行善去恶、孝敬父母公婆、知恩图报，总之仁义礼智信和三纲五常全在其中矣。我的朋友李学辉和赵旭峰编辑出版过一部厚厚的《凉州贤孝》，我还看到过其他一两个版本。真的是洋洋乎大观，巍巍乎教化也。

一支歌舞乱天下

1

在中国历史上，有一个人注定是要千番万般地解读，拆碎了又合，合久再碎去。人还是那个人，事也就那点事，可峰回路转，世事轮回中，她又百媚千态，奉迎万千世情。

她就是杨玉环，杨贵妃。陪着她的，是盛世帝国的皇帝，一位亲手缔造了开放包容、万国集于长安的天朝帝国的男子。谁让他是一位天才的艺术家呢？在他的时代，中国历史上最伟大的诗人李白、杜甫在帝都徘徊，最伟大的舞蹈家杨玉环在他身边，最了不起的画家、书法家都被上天派到下界，为他描绘壮丽山河。他则是一位身怀绝技的音乐家。他亲自走到舞场，敲响时代的巨鼓。

这一切，都太华丽了。但乐极生悲，物极必反，盛极而衰，这是天理，是道，谁也无法扭转。历史从不去思索这其中的无奈，现实中的人也无法知道他们正活在历史的巅峰，他们以为，帝国还可以更为宏大、坚固和长久。

但一切都戛然而止。谁来为历史赎罪呢？李隆基？杨玉环？是的，谁都谴责他们不该有个人的情爱与私好，不该有为己的艺术。反正历史的高墙轰然倒下，总得有人顶着。

然后，便想起一支舞曲，霓裳羽衣舞曲。

2

要说《霓裳羽衣舞》，恐怕得先说《韶》乐传统。

黄帝和炎帝时有什么音乐，今天已然不知道了，尧有什么音乐也不清楚了，但舜有一支伟大而壮阔的音乐，即《韶》乐，被孔子和很多人所赞赏。孔子在齐地听了《韶》乐，三月不知食味，评论此乐为尽善尽美。

《韶》乐是国乐，说得再专业一些，就是宫廷乐，只有天子才能奏响的音乐，其实也不单单是音乐，是诗、乐、舞的全称。诗歌和音乐是天然的合体，直到唐代时，诗也是要被唱出来的。可后世诗和歌就分开了，诗是诗，歌是歌。现代以来，更是如此。当诗没有歌的陪伴后，就失去了约束。没有了约束的诗，被称为自由诗，也叫现代诗。反过来讲，没有了歌的吟诵与舞蹈的赞美，诗就降格为世俗之物。同理，乐和舞如果没有诗的金声玉振，又哪里有灵魂？

　　所以，当《韶》乐奏响，诗人唱歌，巫师舞蹈、赞颂和祈祷，数百人集体在天地间合唱、共舞时，洪荒宇宙中的诸神都将被唤醒，天地山川间的珍禽异兽也神秘地现身，妖魔鬼怪被这盛大庄严的音乐所震慑降服，万类共鸣，万物齐响，一切都被和合统一。这便是音乐的力量。如果说礼有一些对人性的约束，人心还不齐，现在音乐一响，便神秘地和合了，心与心相通了。

　　现在来讲，这样的音乐不是谁都能奏的，也不是谁都能承受的，只有天子，且是大德天子才能奏响。诸侯是不能的，也是不该的。诸侯们做的是对自己那片山川万类的和合。百姓是离火，是草木，是万类，是纷纭，是繁复，是奔腾的河流，是辽阔的边疆。他们只能歌唱自由、追求自我，却不能有伟大的力量奏鸣天地。这便是孔子对音乐的理解。

　　《韶》乐一出，天下正。

　　《山海经》中说，大禹的儿子在昆仑山的天穆之野中获得了《九歌》，这便是禹乐。天穆之野，在河西走廊的西侧的昆仑山上。因为大禹起于西羌，西羌之西便是昆仑山，是天帝所在的地方。《九歌》响起，鸾鸟自歌，凤鸟自舞，凰产下很大的卵，民食之，天降下甘露，民饮之，百兽相聚，所有的生灵都自由自在地生活。这地方叫大沃野，也在昆仑山下，在河西走廊之西。《九歌》是天帝之乐，可令万物相安。屈原说，夏代的太康不明白音乐的力量，用《九歌》以自娱，所以天下乱。天下之乱，首先在于属于雍州的河西走廊之乱，也在于与这片草原天然一衣相带的北方之乱。

　　正乐，德不配者将乱天下。

所以，周公在成王得天下后开始制礼作乐。一首乐舞，他竟然用了三年才作成，可见，天子之正乐，不是随便就能完成的。没有大德，怎可操控宫商之调？

但周公之后，能作正乐的大德与帝王实在太少了。秦始皇没有作。汉武帝作了《郊祀歌》，算是正乐，其中还有《天马西极来》之歌，后又由扬雄作《十二州箴》，想完成天下九州的大统，但缺凉州，后将《雍州箴》改为《凉州箴》，算是勉强圆满了。实际上仍然缺雍州，所以后世不断地增设雍州、金城，以补五行中的西方之缺。这些音乐，怎可比《韶》乐、《九歌》？

此后，能合天地之德的正乐便不在了。音乐失德，人心失怙。"六经"便失去了《乐经》，只剩下"五经"。音乐再也未能登上中国文化的大雅之堂。伎同妓的时代来临了。所以，今天我们听到《凉州伎》时，不免隐隐有一种道德上的欠缺感。

唐时，最伟大的帝王应当是太宗皇帝了，他也未能得到这样的音乐。太宗皇帝在一众大臣的怂恿下，欲去泰山封禅，被魏徵拦了下来。魏徵说，您当然有这样的功德去封禅，但是，天下刚刚安定，长久的打仗损坏了这个国家，老百姓需要安居乐业，如果您要去的话，又要运用大量的兵士甲车，要耗费大量的物资和钱财，国家承受不起，时机还未到。太宗皇帝便取消了这个伟大的计划。

而他的孙子李治和玄孙李隆基却接连实现了他的伟大抱负。这两位都有一些特点，第一当然是对于国家有大功德，李治时中国的版图非常大，李隆基时国力强盛到世界之巅峰；第二是都有一个女人为伴，李治时是武则天，后来天下姓武了，李隆基时是杨玉环，天下虽然没有姓异姓，但天下分裂了。

这并非女人的错，是他们自己的问题。李治是能力不足，而李隆基完全是德行和修行的问题，其中之一便是作乐。

完成了卦禅这样的大事之后，天下大定，但国家之乐未定，仍然是未竟的事业。此时整个国家有一位了不起的音乐家，这一重任他自行承担了起来。他就是李隆基。

相传李隆基特别喜欢西域的打击乐，尤其喜欢打鼓。他打废的鼓槌也是国宝，被锁在几大箱子里。别的不说，光看那些打坏的鼓槌就知道这个人一定是个槌迷，是乐迷。孔子说，知之者不如好之者，好之者不如乐之者。如做学问一样，真正能做学问者，是在学问中找到快乐的人，且乐于在学问中度过一生者。所以说，李隆基的天然之事业应当不是做皇帝，而是音乐家。

他偏巧又碰到了杨玉环这位天才的音乐家、舞蹈家。

李隆基于开元十三年十月在泰山封禅，那时，杨玉环才七岁。杨玉环的祖父在隋朝时做过大官，被李世民所杀，父亲做过蜀州司户，所以她在蜀州长大。十岁时她父亲去世，便来到任河南府土曹的叔父杨玄珪家，在洛阳学习诗词、音乐、舞蹈，尤其擅长胡人的乐器琵琶。十五岁时，偶遇寿王李瑁，其才情和美貌便使李瑁倾倒。不久，被唐玄宗封为寿王妃。李瑁的母亲武惠妃是玄宗最宠爱的妃子，她死后，唐玄宗终日郁郁寡欢，后宫无人能开天颜。此时，竟然有人对唐玄宗进言，说杨玉环"姿质天挺，宜充掖廷"，进言者心中无人伦，只是想让天子欢心，谁知天子也无人伦观念，竟然将儿子的老婆召入后宫之中。

一朝之乱从此开始。他们心意相通，共同创作了天子之乐《霓裳羽衣舞》。

全天下的音乐都被他们悉数纳入其中，可谓真正的包容并蓄，是当时世界真正的最大的交响乐团；数百人翩翩起舞，羽衣遮天蔽日，蔚为壮观。整个世界为之倾倒。全世界的黄金在大唐之都流淌。全世界的脸在长安微笑、叹服。全世界的使者都坐在观礼台上叹为观止。

啊！这就是大唐！

浮士德也在这时欣然叹道，啊，真美啊！

于是，魔鬼靡菲斯特趁机就收起了他的灵魂。上帝慢了半步。大唐的鼓槌戛然而止。竖琴之弦突然崩断。琵琶折断，胡舞摔倒。安史大乱。

3

大凡普通人，甚至帝王，都不会想到音乐与个人道德和国家兴亡的关系。只有圣人才明白这个道理，所以舜、禹、周公、孔子重视音乐。音乐在这里不是单纯地为了娱心，而是要正心，其实也就是教育。这大概也就是佛教中所说的"降服其心"的意思。

我读《新唐书》，读到《礼乐十二》卷时，始知关于雅乐与俗乐的分别始自隋代，清为雅，俗为浊，清者在上，浊者在下，但俗乐皆出自雅乐。到第四小段时，开头一句便震撼了我：

周、隋管弦杂曲数百，皆西凉乐也。鼓舞曲，皆龟兹乐也。

　　我在凉州长大，后每年返回数次，从未觉得凉州的音乐有什么好的，或有什么独特的，如果不是读史，大概只能知道曾经有《凉州词》的边塞诗，而不知还有西凉乐也。即使现在知道了，也不能辨出哪些是出自凉州也。可见，音乐的丧亡和流失一如流云一样。我小时候听的最多是秦腔，已属于秦音。犹记得春节时，我们从舅舅家回来，穿过无穷的大地，而大地空旷，长风浩荡。几乎每个大队都有一个戏台，此时戏台上正在上演《窦娥冤》或《周仁回府》或《铡美案》。那哀怨、悲凄、绝望而又不甘心的唱腔和同样哀伤、悲壮、绝望但又不罢休的胡琴从高音喇叭中传出，然后被长风送到大地上，在每一个沟壑、每一个小土块上回荡，犹如撕裂的天空倾斜、六月间的漫天飞雪，在我小小的心里热泪滚烫般地穿过，一股从千年以来就不绝的悲壮之情从我骨头里慢慢地渗出。我至今无法理解音乐是从哪个神秘的角落响起的，仿佛是人心角落，仿佛是大地深处，仿佛是天空之上，总之，再幼小的心灵都在接受那般的悲剧洗礼。那撕心裂肺的声音一直在我心的角落里隐藏着，时刻等待着某种情景或声音的唤醒。而大地和我竟然无泪。啊，那巨大的悲伤啊有时竟然变成巨大的欢乐！

　　故而我无法认领盛唐乐池里那华丽、浪漫的管弦乐竟然出自凉州。我在凉州大地上一步步地走过，也从未听到过那样的交响，连它遗落的音符也未曾看到、听到。现在，它竟然在盛唐的历史中上演了。它将我一把推进历史的宫殿去重新辨认凉州和河西走廊。

有琴工犹传楚、汉旧声及清调，也有晋、宋之曲，甚至还有商人夜歌……但这些对于大唐来讲，实在是太陈旧了，太狭隘了，太不世界和国际化了。大唐自有新曲。

历史有载，当时玄宗自潞州举兵，夜半诛韦皇后，民间有人便制夜半乐、还京乐二曲。玄宗乃音乐家，自不尽兴，又作文成曲，与小破阵乐合作奏鸣。大唐之宫雅乐始有华丽、辉煌。此时的唐玄宗可谓开明之主，在铲除韦皇后和太平公主这些异己力量之后，江山稳固，江海平静，于是，他便走上了改革开放的宏图大业。

经过魏晋南北朝三百多年的分裂、战乱之后，隋朝一统山河，其疆域一时之辽阔竟然超过了以往的商周秦汉，据《资治通鉴》记载："是时天下凡有郡一百九十，县一千二百五十五，户八百九十万有奇，东西九千三百里，南北一万四千八百一十五里，历代之盛，极于此矣。"什么概念呢？在东北地区到达辽河一带；北方到五原、定襄等阴山以北；西至青海湖及西域东部；西南到南宁。

唐朝时的版图至今说不清楚，《新唐书·地理志》上云："太宗元年，始命并省，又因山川形便，分天下为十道：一曰关内，二曰河南，三河东，四曰河北，五曰山南，六曰陇右，七曰淮南，八曰江南，九曰剑南，十曰岭南。"这是当时的版图，此后又不断东征西讨，"唐之盛时，开元、天宝之际，东至安东，西至安西，南至日南，北至单于府。"按照《通典》之解，这里所说的安东、安西，都说的是安东都护府、安西都护府，日南指的日南郡，在今越南中部地区。疆域之大，有人说达到一千六百万平方公里。也就是说到玄宗时为最大。

大在什么地方呢?《通典》上说:"南北如前汉之盛，东则不及，西则过之。"意思是主要在西边之大。大到什么程度呢? 早在贞观四年，唐太宗派大军击败突厥，控制了整个西域和蒙古高原，八百多小蕃国国君齐聚长安，共举太宗皇帝为"天可汗"，即天下共主。也就是说，从唐太宗时，天下的中心就在长安，国际法则由长安出，各国君主由长安册封。有人说，天可汗是一个虚名，其实不然。从《唐会要》中可以看到，西域诸国每到正月、二月或三月，要来长安汇报工作或进行贡赋。而朝廷在各国都有驻军，即都护府。

那么，西域都护府到底到达哪里呢? 史书上说是西海。而西海又在哪里呢?《北史·裴矩传》中记载说:

> 发自敦煌，至于西海，凡为三道，各有襟带。北道:从伊吾经蒲类海、铁勒部、突厥可汗庭，度北流河水，至拂菻国，达于西海。其中道:从高昌、焉耆、龟兹、疏勒，度葱岭，又经钹汗、苏勒沙那国、康国、曹国、何国、大小安国、穆国，至波斯，达于西海。其南道:从鄯善、于阗、朱俱波、喝盘陀，度葱岭，又经护密、吐火罗、挹怛、忛延、漕国，至北婆罗门，达于西海。其三道诸国，亦各自有路，南北交

通。其东女国、南婆罗门国等，并随其所往，诸处得达。故
知伊吾、高昌、鄯善并西域之门户也，总凑敦煌，是其咽喉
之地。……诸蕃既从，突厥可灭。混一戎夏，其在兹乎。

西海大概便是今天的里海。这就是玄宗时的版图。当年汉
武帝没有实现的宏图大略，唐玄宗轻易地实现了。在那个陆地文
明时代，所谓世界图景，更多地是指面向欧亚大陆中的向西的图
景。那里拥有世界的财富，也被称为羁縻地。唐时这样的地方有
八百五十之多，大多在东北和西北之地。我们可以想象，数百个
国家的使团和商团从中亚缓缓而来，翻越帕米尔高原，遮过流沙
之地，到达敦煌，穿过酒泉、张掖、武威、天水、宝鸡，最后汇
流到长安。

长安该是多么的繁华而又拥挤，但长安喜欢这样的拥挤，喜
欢那么多高鼻梁、深眼窝、白皮肤的西域人带来黄金、香料、歌
舞。玄宗尤其喜欢。

他完成了古代帝王们未竟的梦想，所以当他做完这伟大的事
业后，也如古代帝王一样，想要做永久的梦想。那便是寻求长生
不老之术，同时，也要享受富贵之乐。

此时，也是他开始发挥音乐家的天才之时。

此时，恰好是他失去武惠妃而天赐杨玉环之时。一个帝王变
成一个音乐家，一个天下人的共主变成了一个女人的情人。

整个天下由此而旋转。

因为追求长生不老之术，便好上神仙之事，诏道士司马承祯

制玄真道曲，茅山道士李会元制大罗天曲，工部侍郎贺知章制紫清上圣道曲。他还建太清宫，太常卿韦绦制景云、九真、紫极、小长寿、承天、顺天乐六曲，又制商调君臣相遇乐曲。

这哪里能够？他于是亲自上场，制作法曲。选坐部伎子弟三百人教于梨园，声有误者，他必听觉而正之，号"皇帝梨园弟子"。梨园弟子由此始矣。有数百宫女，都为梨园弟子，居宜春北院。又置梨园法部，更置小部音声三十余人。

玄宗与杨贵妃将河西节度使杨敬述献上的《霓裳羽衣曲》研究改编成他们自己的乐曲。从此，天下名曲皆暗，唯有《霓裳羽衣曲》从天而降，光华耀天宇。

这仍然不够。玄宗又好上了羯鼓。他常常对人说："羯鼓，八音之领袖，诸乐不可方也。"羯鼓，本是西域之乐，龟兹、高昌、疏勒、天竺部皆用之。早在开元二十四年，玄宗已升胡部于堂上，到了天宝年间，音乐皆以边地名，于是便有了《凉州》《甘州》《伊州》。后又诏道调、法曲与胡部新声合作。那时，凡乐人、音声人、太常杂户子弟都隶属于太常及鼓吹署，总共有数万人之多。宁王和大臣们都喜欢音乐，都可横笛奏乐。所以，唐朝诗人中多因音乐而作诗，白居易的《琵琶行》和众诗人诗中的胡笛、羌笛、胡姬、胡腾舞都可为证。

这仍然不够。玄宗又令人找来骏马百匹，盛装之后分成左右两支，令壮士们抬着三重榻，令人于榻上歌舞，偶尔杨玉环献舞一支，但往往这样的歌舞要长达数十曲。他还命人找来乐工少年姿秀者十数人，衣黄衫、文玉带，立左右。场面之宏大，乐舞之华丽，恐怕商纣王复活也会感叹弗如。

这还不够。每当盛乐奏响，必令金吾引驾骑，北衙四军陈仗，列旗帜，被金甲、短后绣袍。太常卿奏响雅乐，每部数十人，中间有很多胡夷之人上来耍杂技，然后上演马戏，还有人牵着大象、犀牛入场，名曰拜舞。这样的场面如果是罗马皇帝们悉数到场，也会甘拜下风。他们终会觉得自己粗鄙、太没文化了。

然而，就在宫廷里奏响《凉州》《甘州》《伊州》和《霓裳羽衣曲》时，安禄山反了，第二年，凉州、甘州、伊州皆陷于吐蕃。

然后，玄宗携贵妃出逃。半路上，马嵬坡下，香消玉殒，霓裳扑地，羽衣染血。山河尽失，西域顿时属于番邦。

音乐的尺度到底没能把住，江山的调性终究未能调正。

4

唐朝的音乐来自周隋，而周隋之乐除了一些散佚的旧声外，新声皆来自凉州，所谓管弦乐皆自西来。唐朝所作的曲子《凉州》《甘州》《伊州》也基本上是过去的大凉州的范畴，《霓裳羽衣曲》更是如此。何况，《霓裳羽衣曲》的原曲由河西节度使杨敬述所献。

凉州的繁华由此可见。

犹记汉武帝时，有一犯过过错的官员在敦煌充军，有一天看见一匹野马神俊至极，便抓来献给武帝，武帝作《天马歌》，意指西域将定，天下大同。

现在，玄宗也意在西域，喜好法曲，河西节度使杨敬述便献上《霓裳羽衣曲》，结果天下大乱，大唐崩盘。

武帝时，西域未定，作天马之歌，意在武备，把指挥棒向西而指。玄宗时，西域既定，天下大同，玄宗当做的事应当是将西域中国化，而他则恰恰是将中国西域化。音乐便是一个鲜明的征兆。所以，天下必乱。

《霓裳羽衣曲》据说名唤《婆罗门曲》，而此曲的散序部分据说是由玄宗创作。乐曲《婆罗门曲》产生于印度，有人考证它就是天竺国的古佛曲《迦陵频迦》，经西域传到河西走廊，到了凉州杨敬述那里。白居易《霓裳羽衣舞歌》中也说："由来能事各有主，杨氏创声君造谱。"不过，这"创声"二字说明《婆罗门曲》在凉州已经被重新创作，这也是有学者认为《霓裳羽衣曲》出自西凉伎的缘故吧。

当然，也有道家附会。《碧鸡漫志》中说："其一申天师同游，初不得曲名；其一罗公远同游，得今曲名；其一叶法善同游，得《紫云回》曲名易之。"《开天传信记》中说："上曰：非也，吾昨夜梦游月宫。诸仙娱予以上清之乐。廖亮清越，殆非人间所闻也……此曲名《紫云回》。"这是把李唐宗室信奉的道家结合在了一起，这都说明此曲高妙不同凡品。

但不管怎么说，将此曲当成宫廷乐舞中的主乐，而放弃了汉唐文化传统中的正乐，则是大错特错。在儒道释三教中，儒家始终代表的是政治，关心的是世俗生活，而道佛两家始终是方外之教，是出世之教，虽然管的是生死之教，但终究不能作为国家的主流价值。这与西域国家和南北朝时期的北方国家是不同的，这些地方有政教合一或政教合作的机制，高僧是国家的国师，是掌管国家礼仪和宗教的大臣，主宰着国家的精神文化走向，相当于中国古代政治中的儒家。所以《婆罗门曲》在西域诸国，包括前秦、后秦、北魏都可当成宫廷乐，但唐朝就不可以了。

在进行科举考试和以儒家为核心价值的唐朝，虽然道教颇受国家重视，佛教也在唐时中国化后形成了禅宗，但毕竟在中国文化中它们仍然属于次要的价值。

现在，宫廷里所奏之乐皆以西方之声为主，西域文化日炽，西域之国也渐渐失去了臣子之心，滋生出二心，而唐朝上上下下也以西域文化为好，汉文化怎能不卑下？纵使拥有天下，纵使被尊为天可汗，但文化的正位让出来以后，天下怎能不乱？

一曲破天下。此曲可谓矣。

5

然而，对于凉州来讲，《霓裳羽衣曲》或《婆罗门曲》作为凉州的西域人或信仰佛教的民众的音乐，则是再恰当不过。它唯独不能成为天子之乐。

当然，它也不是大人之乐或小人之乐，它属于方外之乐。经过五凉时代的儒家化，凉州人从农耕方式、日常生活至学校教育乃至官场礼仪，都与中原文化同为一脉。这是凉州与河西走廊从五凉之后长期稳定的内在原因。唐时，这种教化自然是更进了一步。因为，它是天朝帝国面向西域的文明走廊。

　　然而，随着西域都护府的建立和唐朝对西域诸国的经营，使唐朝西域化了，却未能使西域中国化。儒家的脚印还停留在五凉时期李暠经营的敦煌，在新疆诸地，竟然没发现一处唐家办的学校，儒家礼教也未能西去。相反，西来的音乐、舞蹈、杂质、物质、商贾在河西走廊源源不断，昼夜不息。

　　"凉州七里十万家，胡人半解弹琵琶。"岑参这两句诗的前一句写的是凉州经过数百年的经营，已经繁华一时，成为当时唐朝的外贸大都市了，所以便有了后一句的潜台词，这里到处都是西域人在经商，甚至在生活，他们带来了音乐和生活。

　　胡腾舞第一次出现在诗歌之中是在元稹的诗中，也是在凉州。此诗名为《西凉伎》：

　　　　吾闻昔日西凉州，人烟扑地桑柘稠。

　　　　葡萄酒熟恣行乐，红艳青旗朱粉楼。

　　　　楼下当垆称卓女，楼头伴客名莫愁。

　　　　乡人不识离别苦，更卒多为沉滞游。

　　　　哥舒开府设高宴，八珍九酝当前头。

　　　　前头百戏竞撩乱，丸剑跳踯霜雪浮。

　　　　狮子摇光毛彩竖，胡腾醉舞筋骨柔。

　　　　大宛来献赤汗马，赞普亦奉翠茸裘。

　　　　一朝燕贼乱中国，河湟没尽空遗丘。

　　　　开远门前万里堠，今来蹙到行原州。

　　　　去京五百而近何其逼，天子县内半没为荒陬，西凉之道尔阻修。

连城边将但高会，每听此曲能不羞？

此时的诗人经历的是安史之乱后的凉州，各种情绪一言难尽。凉州的繁华仍在，但凉州已不再是汉唐之凉州，而是吐蕃之凉州。整个河西走廊全部沦陷。河西走廊，作为汉唐帝国经略西域的口岸，也从此时突然间进入暗夜时刻。

此前，正如前面所述，西域数十个国家的使团此起彼伏地往来于河西走廊，而更多的商旅则行住于河西走廊，在凉州留了下来。他们在那里开酒肆，置乐舞，为往来的西域使者、商贾、将士提供必需的休息和娱乐，甚至于很多人可能就永远地留在了凉州和河西走廊，与本地人结婚生子。凉州的物华使人们流连忘返，不愿归去，正如元稹诗中所写的那样："乡人不识离别苦，更卒多为沉滞游。"

这些经济活动在一定程度上改变了凉州和河西走廊自五凉时代开创的儒家文化，胡风也随着大唐的气象日盛。岑参在诗中称凉州的天气为"胡天八月"，可见当时胡人之多。所以，凉州的繁华得益于汉唐丝绸之路的开拓，得益于帝国之强大。而凉州与河西走廊的衰败也因为唐帝国的衰败以及丝绸之路的阻塞。

从安史之乱开始，河西走廊就不断地被吐蕃、西夏、蒙古占领，汉文化不断地被冲击，这种现象直到明代闭关锁国之后才停止，但是，凉州之繁华不再，河西走廊之开放不再。丝绸之路被黄沙掩埋。

明朝与凉州有关的那些人和事

——李林山历史传记《达云传》序

凉州说起来不大，但凉州人的口气很大。已故企业家张景发先生在办皇台酒厂时有广告语：南有茅台，北有皇台，敢与天下第一酒比肩抗衡。有几年我在阅甘肃省导游资格证考试试卷，看见卷面上问天下三大城市是什么，便有学生答曰：北京、上海、武威。问中国最早的开放口岸城市在哪里，答曰武威。这些考生一定是武威人。小时候没出过门，听出过门的长辈们常常说天下最好的地方莫过于武威，等到从武威出来后才知道武威之小和武威人的口气之大。

何也？一则盖因武威是五凉古都，长期保持了某种文化上的自信，就像现在的西安人一样；二则长期处于封闭之中，而在封闭的西北来说，武威还真的算不错的地方。前一种的确是自信，后一种因为盲目和坐井观天可以说是自满自大。总之，武威人说话口气之大，可气吞山河，可傲视寰宇。加上武威人舌头大而直，说出来的话不仅中气十足，而且宽大硬直，仿佛与人吵架一样。武威话是没有前鼻音的，几乎都是后鼻音，每一句话都发自丹田。我爱人第一次去凉州，早上醒来就听见街上有妇女们大声吵架，出去一看，原来是大声喧哗而已。她去街上买水果，想与小贩们还价，就听见对方的话语直杠杠地顶过来，像是生气似的。时间长了，她才知道武威人说话都是那样。

如此说起来，似乎武威是一个粗野的地方，恰恰不然，武威是一个文化积淀非常厚重的地方。在甘肃来讲，武威的文化最厚，在历史上的一段时间里，它不仅是整个河西的都会，甚至还辐射青海与新疆。总之，在广阔的西域，它是中心。天水也文脉极深，但它常常附会于西安，少了一些中心感。武威出的文人也极多，尤其可贵的是武威人对文人极为尊崇。在西北，我只看见过两个地方对文人十分尊崇，一个是西安。据说贾平凹老师到哪里吃饭，老板一听是他，大多是不会要钱的。另一个则是武威。我听说过去李鼎文先生回到老家武威，武威行署的专员是一定要到家里去拜见的，有些官员以是李鼎文先生的好友与学生而自豪。我曾见过那样的官员，当时暗暗称奇，后来想，这也许就是凉州的文脉深沉的一个见证。我大学毕业后李先生就去国外了，未曾目睹过他回凉州的盛况，然则极为向往。所以，凉州养着一大群文人，他们自成江湖。这当然是文人的不是了，但凉州人对其是宽容的。文人若是对家乡有贡献，便被称为爷。我认识冯爷的时候，冯爷年龄并不大，但已经被凉州尊为爷了。凉州作家李学辉说话永远像是着气一样，说出来的话硬得像石头，不把官员当回事，但凉州的官员们都买他的账。李学辉出版小说后往新华书店一蹲，成群结队的人便都来掏钱买他的书。看得懂看不懂不重要，重要的是尊重文化人。我祖母活着的时候总是对我们说，不要坐在书和报纸上，因为那上面有汉字。凉州就是这样一个地方。

李林山就是凉州的这种文气熏出来的一个文人，大名鼎鼎。听了十几年，一直无缘见面。《鸠摩罗什》出版后，我去武威搞首发式。学辉兄突然提出要搞一个研讨会。第三天一早，我们赶到现场，会议室里黑压压一片人，全是中年人，我便慨叹学辉的号召力，自然也感叹凉州的文气。那天马步升、弋舟和我几个说得有些多，结果把凉州几个文人发言的时间占了，学辉的意思是林山就不发言了。我这才看见林山是一个脸有些黑、不胖不瘦的青年人，阴郁着脸，拧着，颇有些不高兴。看来他是准备好了要发言的。后来林山兄还是发言了。因为他写过一部《鸠摩罗什在凉州》，所以他对我的小说几乎是带有裁判式的，似乎他说好那就真的好，他说不好那便真的不好。好在他给予了肯定，我也长出了一口气。后来在我签名售书时，他已经走了。我连感谢他的话也没说上。

大概过了一个多月，刘林山——对，另一个诗人、小说家林山给我发短信，说武威的李林山来兰州了，想见见我。从辈分上说，刘林山是我的学生。我说，我来请客。林山则说，他来请。我便拿着几本新出的诗集和散文集匆匆赶往目的地。那是我们第一次交往。在兰州客居的一群凉州籍文人们都从四面八方赶来，雪琪兄也从新区赶了过来。一个文人的江湖就这样忽然间汇成了。

要不是他来，我估计这些"牛人"们是老死不相往来的。林山兄就坐在我身边，不太长的头发中夹杂着一些白丝。我问他年龄，居然比我大，我吓了一跳。这才仔细一看，确实也已中年。我便称他为兄长。他本不喜酒，我也不擅长喝，且那天我有些肠胃感冒，我喝得少，他竟喝了很多。他不停地说话，每一句都是乡音，从他宽阔而伸直的舌头上滚出来，热乎乎地，直杠杠地，砸在我的脸上、身上和心坎上。这是我小时候最为熟悉的声音啊！我觉得麻酥酥的，灵魂像是得到了某种按摩。喝到酣处，我劝他少喝点，但他端起酒杯对着在场的文人们说，我不喝酒，这些爹爹们能饶下吗？在场的凉州籍文人们立刻被他这句土话激活，纷纷举杯大笑。

那天晚上，他说了很多话。我能听到他压抑着的文人的骄傲在那个夜晚终于伸直了一次，那正是凉州人的口气，我喜欢。我能听到他带着愤懑的自谦，那是对命运长期怒吼之后的短暂平静。我知道他写过不少东西，而且是下了真功夫的。他是以史学见长，其中《牛鉴》最见功力。我见过好几位凉州的史学家，如罗文擘、王其英，都是滔滔不绝之士，且记忆力超常。有时候我真的好奇，这些人若是在大学，该是多么博学的大学者啊。真是可惜了。那天，我也同样对林山兄表达了这种惋惜之意。谁知林山却豪情万丈，一幅旷达之士的气象。在林山的身上，我看到了另一个作为凉州人的自己。

那夜是如何作别的，已然忘却了，只记得相谈甚欢。林山后来不停地在我耳边大声说话，大概他喝得够多，舌头不太听使唤，说出的话大多我竟然听不清了，但我就是喜欢听那乡音。他似乎给我安顿了什么事，我当然无条件地应承。

不久之后，林山突然发来微信，嘱我为其《达云传》作序。其时在外，未及回复。他后来又不停地发表情，我赶紧回复，回去即写。但我打开这部三十多万字的传记时，便有些后悔了。正如林山兄那晚对我讲的那样，他擅长史学，《达云传》句句为史，我怎敢为这样的著作作序呢？但后来想，林山兄定然是喜欢我的，是要我为其吆喝几声的，至于说什么当然不重要。明白了这一点，便也悠然自得地在电脑上看他的作品。

老实说，他讲的这位故乡的故人，我过去知之甚少。通过这部作品，我才知道故乡有这样的武将。前有马超，后有达云。中间我还听说过杨家将在此留下传说。凉州的武文化也算是能成一脉了。当年汉武帝在河西立四郡，将凉州称为武威，意为汉家天下向西域耀武扬威之地。武威城以西是中国最大的皇家马厂山丹军马场，汉末与魏晋时的艺人曾制作了马的图腾，埋在地底下，直到二十一世纪六十年代末才从土里挖掘出来向世人诉说昔日的武文化之辉煌。林山兄著《达云传》，从某种意义上是为武威的武文化立传，功莫大焉。

在阅读此书的过程中，我对林山兄的佩服一点点升起。写这部传记，不单单要对明朝时凉州的历史、风俗、人物如数家珍，而且得对明朝的整个历史、官场斗争、民族政策等非常熟悉。这得读多少典籍啊！若不是真心喜欢写作，谁会下这种无用的苦功夫呢？他不是大学的教授，出版这些著作对他的职务晋升大概是没有什么用的。想到这里，我对林山这样的知识分子油然生出十分的敬意。正是有了他们这些人，凉州的文脉才得以延续。从这个意义上讲，他和学辉等人，是凉州文化的守夜人。

想到第一次在《鸠摩罗什》研讨会上见他时的那种拧巴的表情，我猜想林山一定是那种不谙世故但又初心不改的知识分子。几年前，记得学辉曾经让我为《西凉文学》写几个字，我写下"继绝兴灭"四个大字，意思是在当今这个时代，我们共同担负着继往圣之绝学的使命，当为天地立心，为生民立命。这大概也是我写《鸠摩罗什》的原因。而林山兄写《牛鉴》《鸠摩罗什在凉州》以及《达云传》等，也是为此而奔命。相比来讲，他比我做得更好。他在用史家之大笔，为一个个凉州人立传，合起来看，就是在为凉州立传。此等雄心，何其伟也。

我该向他学习。

2018 年 5 月 29 日子夜于兰州

中篇

鸠摩罗什在凉州

重塑一个被历史忽视的伟人

——《鸠摩罗什》（电影剧本）创作谈

1

大概八岁左右，那时我们家还在老院子里住。父亲拉着一个架子车，带上我去了城里。在一个城里人用的公共厕所里，父亲挥汗如雨地把城里人的粪便往架子车上扔。那时，每一个城里人的公共粪池旁，都有一个专门的人在管理，在往粪池里填土。那时没有化肥一类的化学肥料，城里人的粪便可以拉回到乡下，撒到大地上，养育庄稼，然后庄稼们收成后被磨成面粉，重新回到城里再养育城里人。这是一个生态系统。乡下人没觉得那粪便有多脏，但味道还是很臭。我站在粪池边，捂住鼻子抬起头想抽空呼吸一些新鲜空气，便看见了一座古塔。

那座古塔斑斑驳驳，上面到处都是白色的鸽粪。有几只鸽子正停在上面。鸽粪使古塔显得更古老，但也突然间与当下融为一体。

我问父亲，那是什么？

父亲说，罗什塔。

我又问，罗什塔是什么？

父亲一边挖粪便，一边不耐烦地说，谁知道呢？

我便不敢再问，但因为这疑问，那座塔便一直矗立在我的世界里，我静静地为其寻找答案。后来读师范，周末骑着自行车总是要经过那座塔，再穿过树木茂密的雀儿架和杨树站立的金武公路，夕阳在杨树与杨树之间挤进来，把金武公路编织成了一道风景线。我唱着歌，一路想着心事回到家中，但偶尔，那座塔就跳出来，挡在思绪的前面。我会问别人，你知道罗什塔是怎么回事吗？对方一脸茫然说，谁知道呢？因为不能回答，以后它便逐渐地暗淡下来，甚至不再出现。

上大学时，罗什塔应当还在公安局的院子里。谁会去公安局呢？所以，每次回家也只是看一眼便回乡下了。不知什么时候，大概是人们开始发展旅游和文化了吧，公安局搬走了，罗什塔专门有了自己的院子，但那时大家对宗教不感兴趣，所以也没几个人愿意进去一探虚实。我也一样，也远远看着它似乎换了天地，但也一样地孤独寂寞。没有几个人知道罗什塔是干什么的，为什么要站在那里，它从哪里来，又到哪里去。至少在我的世界里是这样。

2

　　真正知道它已经到了新世纪。那时开始搞旅游了。宣传册上告诉我们什么是罗什塔。再后来，网络也有了，网上会有一些人介绍罗什是谁，有什么故事。但离我依然十分遥远。我还常常清晰地记得父亲带着我去公安局西边的粪池边拉粪时看见它的情形。世事如烟，史事更是如烟，我关注的是新世界，写的也是现代人的欲念、困扰和拯救，对其没有多少兴趣。不过，到了2004年，我转岗到旅游学院搞丝绸之路旅游研究，竟然一头向西了，与我过去的精神路线相反了。因为经常要做一些规划、发言，对丝绸之路旅游经济的发展说点什么，便不得不重新去研究古老的文化。同时，我开始教授两门课，一门是《中国文化史》，后来被我上成《中国传统文化》，另一门是《世界文化史》，被我讲成《西方文化概论》。佛教是必讲的内容，丝绸之路也是绕不过去的，而它的焦点落在中国大地上，竟然就是鸠摩罗什、玄奘等人，原来他如此之了不起。

　　当我再次回到武威城时，便兴冲冲去看罗什塔。它竟然一下子变得那么高大。原来我觉得它不是很高，也不知道它有多少层，现在才觉得它伟岸，也数了一下，十二层。为什么是十二层呢？为什么他还有一座塔？为什么玄奘都没有自己的名字命名的塔？他到底干了些什么？心里的疑惑又一点点积累起来。

　　我开始跟人们大谈鸠摩罗什寺对武威的旅游也许是有帮助的。但也仅此而已，没有几个人对鸠摩罗什有那么大的兴趣。佛教依然是人们陌生的东西。尽管武威到处都是寺院，有汉传佛教的，有藏传佛教的，虽然人们在无助之时也会信一些神婆子、阴阳先生，但总体来讲，也只是权宜之计，事情过去后，人们并不见得真的信什么。人们还是信眼见的世界。

然而，大众旅游很快发展起来了，网络的发展也一日千里，传播无处不在。鸠摩罗什很快成了热词。但对我而言，还有另一个缘分。

3

那是在上海，那时我已经四十二岁。四十二岁的中年人才开始读博士学位，这显然是有利有弊的。有利的一面是我长期从事小说创作和当代文学研究，读书期间正好写小说，论文的事相对倒不是难事，暂时可放置一下。不利的一面是年龄太大，已经不能像大学生那样重新在另一个城市建立第二故乡，身体和习惯已经不能适应新世界。我只能和年龄大的人交往。于是，曾经因为《伤痕》小说而享誉二十世纪八十年代文坛的作家卢新华老师便成了我的良师益友。我在向他请教的同时，他也带着我去逛上海不为人知的世界。在复旦周围，有一些佛堂。它们都隐居在上海的市井生活中，表面上是看不出任何的端倪来的，但进去则是另一番天地。

终于，我带回很多佛经和佛教界人士写的书。老实说，我只是礼貌性地接受他们的礼物，并没打算翻开哪一本。那时我正在写《荒原问道》，是一部现代知识分子的精神史。有一天中午，我从午休中醒来，不知为什么突然间对桌上的纳博科夫、乔伊斯、贝克特甚至荷马都产生了厌弃感，目光竟然落到了身边的佛经上。它是那间博士生宿舍里唯一没有被翻开的书了。

于是，我便翻开了《金刚经》。竟然一气看完，且有一种通感。过去看了多少遍，都是看几段就放下。等我把书合上时，就看见了"鸠摩罗什"的名字。他竟然是翻译者。

于是，我第一次真正迫切地想了解他，想了解他的一生、日常，他的困扰、喜乐，他的破戒和自我圆满。

我在八岁时认识的这个故乡的人，原来是如此的伟大。

4

2012年我开始写纪录片《鸠摩罗什》的稿本，本没有要写一部小说的打算。但写着写着就有了。问题在于如何把他立起来。百年来，受现代性思想影响的现代作家都想把他写成一个人，一个有着七情六欲甚至最好有些好色的人，一个道德虚假的人。但我在很多个僧人们的讨论区看到，他们则希望鸠摩罗什不要破戒，最好当时就自杀身亡，也要保持清白。

到底怎么办呢？我发现，前一群现代性意识支配下的作家们并不在意鸠摩罗什的思想世界到底是什么，而是预先设定了只要是人就必须有如此的人性，而后一群僧人们，则不再读世间的知识，尤其西方的学术。他们相互在思想和知识上是陌生的。

我就属于前一群人。

一天夜里，我终于翻开了鸠摩罗什翻译的最重要的几部经：《妙法莲花经》《维摩诘经》《楞严经》等，并再次读《金刚经》。中途自然也少不了读很多非鸠摩罗什翻译的佛经，顺势还读了很多道藏。这是一次精神上的长途跋涉，坚持了近一个月。我先是在沙漠里走，走着走着就到了绿洲，然后又到了沙漠，正当难以再走下去时，突然间又遇到了山泉、绿洲，最后来到了一个无比辽阔的光明世界。我终于知道鸠摩罗什的内心世界是一个怎样的光明世界了，也明白了他说的"身如污泥，心似莲花"的矛盾语言。最重要的是，我被他那种"大乘之法，利众忘我"的精神所感染。原来佛教的大乘世界，是一个犹如儒家的圣人世界。儒与佛在此合一了。

这就明白怎么写了。这就是小说《鸠摩罗什》。2017年9月，我停止了对孔子长达两年的四处演讲，开始讲鸠摩罗什与丝绸之路的故事。我的文学世界彻底地向西了。

5

很多看过小说的朋友给我来信或打来电话说，我把儒释道之间的平等和融和写到位了。我内心深处不敢说，因为对于道教来说，除了老庄道家的经典外，我对真正的道术并不太清楚。但恰好在第二年，也就是我五十岁时，我看到了香港的饶宗颐先生去世的消息。有位有心的记者采访了很多人，写了他的日常生活。

他从六十岁以后就再也不出门了。他每天早上五点多起床，练习书法（练气），七八点时吃早餐，九点左右会打坐会儿，十一点半后吃午餐，然后午休，三点起床晒太阳，再会会朋友，七点左右少吃点晚餐，九点打坐，然后睡觉。我怦然心动。在过去的十年来，我开始有意无意地向民间学习。我发现，中国传统文化所讲的"道法自然"其实已经是一句空话，自然已经离我们而去，大道也已隐去，我们又怎么能理解中国传统文化呢？但民间这些东西若隐若现，你只要愿意去学习，还是有的。那时我接触到了一位甘肃名中医李少波先生著的《真气运行法》，说是将道家和佛教的修身方法融为一体，其要义就如饶先生的一样。

于是我想起，孔子五十岁左右时拜访了老子，老子向他展示了世界的多个面貌，教育他不能只看到人的缺点，不能只批评社会的弊端，要知道大道的运行之法，要知道阴阳、善恶、生死之间的转化关系。孔子回来开始学习《易经》。我在那时有所了解，也给学生在文化课上介绍过义理，但还没有学习运行之道，根本不知道其间的奥妙。

于是我想到，王羲之在五十岁时写兰亭序时的慨叹。我虽然带着学习抄写经典，开始用毛笔字写字，但还没有认真地练习过书法，没有体会上汉字里的中国与大道。

于是我想到，黄帝五十岁时拜访广成子，请教修身之法，后与歧伯写下了《黄帝内经》。我在2016年曾到庆阳考察过黄帝与歧伯写《黄帝内经》的地方，但还没去过崆峒山。知行不一，学术是不会有成就的。于是，在2018年8月我专门去了趟平凉，去崆峒山到黄帝问道处体验了黄帝当年与广成子相遇的谈话情境。

回来我便努力学习道家的心法与修身方法，研究《河图》《洛书》和阴阳五行，研究先天八卦与后天八卦上的不同，最重要的是，我重新回忆童年时对大自然的观察理解天地之大道，终于在去年以来有所收获。而明白这一切，还要感谢西方的科学给予的帮助，要感谢网络给我提供了一个学术的大数据平台，使我了解了世界各地的天文历法。

所以，原来有很多人要拍《鸠摩罗什》的电影，要我写剧本，我都拒绝了，但今年我自己有写作的强烈愿望，主要是我想把佛教与道教的融合处写好。佛教说成住坏空是一个过程，并没有告诉我们具体的时间和空间，但道家则给予了。佛教模糊的地方，道家给予了精准的方法。

于是，从今年的3月份开始，我便构思写作《鸠摩罗什》的电影剧本，在5月6日终于写完。这八万多字几乎与小说不重复，是我这些年对鸠摩罗什新的理解，中间的第二部分写鸠摩罗什在凉州直接写成了他如何理解和体验、认同儒道两家的过程，也就是佛教的中国化过程。这是前人从未写过的部分。在长安的那部分也重新写了。

自此，我觉得我完成了一件大事，即通过鸠摩罗什的一生，写出了佛教来到中国如何与儒道两家完全融和，不但成为中国化的佛教，而且使儒释道三教合一。这是前人未竟的事业，我做了一些弥补。如此，鸠摩罗什也被我完全塑造了。当然，这并不是说改变了他的人生轨迹，而恰恰是真正能够通解他的一生。

我常常想，这样的鸠摩罗什才是真正的鸠摩罗什，也是今天我们所需要的鸠摩罗什。

2021 年 8 月 12 日午后

辛丑年甲申月壬辰日己酉时

一切都有缘起

——《鸠摩罗什》自序

　　小时候，祖母不吃肉，一点荤腥都不沾。当然那个年代吃肉是少有的事，但只要吃肉，母亲便要做两顿饭。一顿是荤的，一顿是素的。素的自然只有祖母一人吃。先做荤的，后做素的。所以做完荤的之后就要洗锅。有几次大概是母亲没有把锅洗干净，祖母一闻便闻着了，于是，祖母便骂母亲，母亲也委屈地说她真的洗了。

　　有一天，家里来了很多人，据说是城里来的。听说村里有人搞一贯道，那些人也不吃肉，还搞封建迷信。来的人要他们吃肉。不知怎么又牵连到我祖母，也要我祖母吃肉。到底后来吃了没有，我们小孩子就不知道了。但那一次，我知道了不吃肉也是有问题的。

　　再后来便慢慢地知道祖母是十二岁时开始吃素，当时她生了一场大病，险些死去。此后便信佛了，但她不上香不拜佛。那时我并不懂得什么是佛教。家里没有人说起这些事，学校则认为这些都是迷信。

再大一些时，便常常听到很多人说祖母做了无数的善事。有一个嫁到远处的姐姐，一见面就对我说，大奶奶太好了，挨饿时，她把碗里的汤喝了，把稠的给我们吃，我们才活下来，你们兄弟几个能有出息全是大奶奶积的德。

等我做了大学教授，也有一些名气的时候，去给祖母上坟。路上会碰到很多人，没一个赞扬我们奋斗的，都在重复一句话，你们能有今天，都是大奶奶行的善积的德。

我从生下来不久就与祖母一起睡，直到我去城里上师范。据说，小时候挨饿时，我饿得哭个不停，祖母便把她的乳头让我吮。当然是没有乳汁的，但我就不哭了。

祖母去世时，是夜里一点半。家里只有我不在身边。祖母便叫着我的名字，从枕头下取出一叠一毛钱，告诉我父亲，一定要支持我上大学。然后便闭上了眼睛。父亲数了很久，算出那笔遗产大概有十几块。

那时我正在武威师范读二年级。那天夜里，我在梦中忽然听到有人叫我的名字，声音很空旷，我四处寻找，惊醒来。我从床上坐起，意识到祖母可能去世了。看了看表，大约两点钟。第二天一早，我一位堂弟从乡下赶来对我说，大奶奶去世了。

村里人都惊叹，大奶奶真的行下善着呢，你看她死的时候头上一根白头发都没有。祖母去世时七十六岁。

更多的人惊叹，大奶奶真的是积下德着呢，你看大热天死了，棺材跟前一个苍蝇都没有。这件事我并没有在意，但村里人都如此说，我也便信了。

祖母活着的时候，我从未觉得她对我的精神生活有多么重要，但她去世后，我才开始理解她。从她开始，我对佛教有了一丁点的兴趣。

之后便是漫长的求学之路。我沉迷于西方哲学与科学。只是偶尔，我才会翻阅《论语》《道德经》《庄子》《史记》，但直到四十二岁那年，我离开兰州，去复旦读书时，有人送给我一套《金刚经》。到底是谁，到底在哪里送给我的，我都想不起来了。只是记得有一天中午我在睡觉前忽然翻开了《金刚经》……

然后我便写长篇小说《荒原问道》，开始站在上海重新观看大西北，眺望古丝绸大道，自然也开始重新理解祖母以及我的故乡凉州。原来我是准备留在上海的，但那一年回家时，从飞机上看到荒山野岭的大西北时，我忽然间热泪盈眶。我听到飞机上有人讥笑说，太荒凉了，连草都没有，人怎么生活呢。我在心里默默地回答着他，你根本不懂这片山川和荒漠。

于是，我下定决心回到大西北，也开始把笔紧紧地扎根在大西北。我开始写丝绸之路。我看到的第一条大道，便是从古印度传来的佛教。我第一次深入地领会了佛教如何汇入中国文化并成为中国传统文化的一部分。

这就有了《鸠摩罗什》这部书。

小说写完后，很多人都在问我什么时候能看到。我突然感到惶恐，我怕没把这位高僧大德写好。

　　在发表和出版的漫长过程中，我渐渐放下了这种惶恐，且放下了名利心。很多年来，我一直想为祖母写些什么，也想为凉州大地写些什么。这个愿望依托在鸠摩罗什大师身上算是实现了。其他的一切都不重要了。

　　因此，本书是献给祖母的，是献给凉州大地的，也是献给伟大的丝绸之路的。

《鸠摩罗什诗传》序

去年十月的一天，一个陌生的电话打来，因为近年来我耳朵神经受伤不能接电话，一般都是请电话者短信回我，这个也一样。接着，短信即来。是我阔别近三十年的同学西木（原名贾双林），说他要出版《鸠摩罗什诗传》，请我作序。当然高兴，还有些惊讶。其实西木比我要高一级，我们之间几乎没有来往。那时我在武威师范写诗，他在教师进修学校写诗。一次他在学校搞活动，我们还跑去参加。是当时武威《红柳》杂志社的诗人董红等几位讲解诗歌。那可能是我人生第一次见到身边的作家诗人，颇有些激动。那时我才知道同学中有这么一个人在写诗。

此后我便到省城兰州西北师范大学读书，继续写作，留校工作。西木去了哪里，则杳然无信。后来在兰州遇见董红老师，便想起当年的西木。但他也来兰多年，对西木的去向不甚明了。一直到了微博微信产生，我从微博微信上忽然间看到了他的诗歌。

原来他还在一直坚持当年的理想。当然，对他其他的事情则全然不知。他到底在哪里工作？生活如何？为人怎样？都无从知晓。现在，他突然间联系我，并请我为他作序，我当然不能拒绝，但也不能完全同意，我怕我不能胜任。我说，我先看看。他很快把诗稿发到我邮箱，并说要上兰州来看我。我说不用，大家都忙。他一定要上来，我坚持不让他上来。

那时，我正在到处宣传我的长篇小说《鸠摩罗什》，在兰州的时间很少，即使在，也是天天有会，难以见面。后来在武威见了一面，是在《鸠摩罗什》首发式前。他看了我一眼，说，变了，胖了。我则一眼就认出他来。大概我真的变了，他则仍然消瘦，仿佛当年的样子。因为活动马上开始，我未与他再说一句话，之后便不见身影。我当时有些懊悔，觉得有些怠慢老同学了，可又无暇见面。

我在杭州的机场阅读了一部分他的《鸠摩罗什诗传》，剩下的部分竟然无暇阅读。再后来也是在睡觉前从手机上阅读了他的一篇长文，大概是后记，讲了他对鸠摩罗什的诸种认识。说真的，看了他这篇后记后，我的感受是复杂的。一方面，我发现我对鸠摩罗什的研究，在细节方面还有待深入，他讲的有些资料是我未曾看到过的；另一方面，我与他以及武威的很多学者对鸠摩罗什的认识上可能还有一些出入。

比如，对于鸠摩罗什的认识。在杭州纯真年代书吧、中国人民大学、北京大学的几个研讨会以及十几场有关鸠摩罗什的演讲中，我在不断地回答人们的有关疑问中也慢慢地发现，我在长篇小说《鸠摩罗什》中写的鸠摩罗什并没有彻底地完成，而是随着认识不断地在发生变化。首先，在我最早的理解中，鸠摩罗什就是一位高僧大德，为中国带来了大乘佛学，翻译了数百卷佛经，改变了中国文化的走向。但是，我在重新解读魏晋那段时期的文化时发现，当今人们对那段历史文化的认识存在着很大的盲区。一是早在汉明帝时就已经引进了佛教，佛教对汉代诸王的影响是很深的，对知识分子的影响也是很大的，只是那时把佛和道混在一起，没有区别，所以佛教的影响往往被忽视；二是魏晋南北朝是一个非常复杂的朝代，并非我们现在大家所想象的那样——虽然国家混乱，四分五裂，但在意识形态方面仍然是儒家的天下——其实事实远非如此。少数民族南下之后，中国分为东晋与少数民族政权南北对峙的局面，在意识形态方面也是如此。因为北方胡族多信佛教和其他宗教，儒家文化虽有深入，但很难发生作用。比如，前秦皇帝苻坚时用了王猛发展儒家，但是，苻坚自己却信佛教，发兵十万破了襄阳后迎请道安大和尚到长安译经，然后又发兵七万，破了西域三十六国迎请鸠摩罗什。在当时，鸠摩罗什就是整个西域的精神领袖，而西域的意识形态就是佛教，基本上是政教合一。这才能够解释清楚苻坚发兵迎请道安与鸠摩罗什的历史原因。后秦皇帝姚兴就曾说过，佛教乃"御世之洪则"。所以，在当时南方的东晋的意识形态是儒家文明（当然还有道家文化在起作用），而北方则主要是佛教。鸠摩罗什是当时世界上伟大的知识分子。从这个角度来理解那个时代的文化以及鸠摩罗什，才是真实的历史。这也可以解释吕光不允许鸠摩罗什去长安的原因。鸠摩罗什在哪里，当时中国北方以及西域的文化中心就在哪里。现代人把鸠摩罗什理解为一位方外人士（施蛰存先生就如此理解），理解为一位和尚（《高僧传》中其实也是如此理解的），在我看来都是错误的。这是我们首先把儒家文化作为正统，而把佛教文化作为方外文化来看待的，是不符合当时的历史真实的。有关这些，我在写作时也并未悟透，还存在很多误解。

其次，鸠摩罗什在凉州的生活。历史学家在今天是难有作为的，因为他们受到考古学的羁绊，非得找到相关的实物或者当时的文字记载才能重新解释历史，司马迁式的合理想象被废止了。司马迁在讲述五帝的时候，大多是以传说来写作，儒家（孔子）是通过他们的想象而进行虚构。而鸠摩罗什在凉州的史料是很少的，如何进行合理的想象与虚构便成了问题。在这一点上，我与武威的学者们的理解可能有出入。我在写作长篇小说《鸠摩罗什》时，有一个想象，那就是当时武威是整个北方文化最为兴盛的地方，是中国文化的一个中心，北方的士子们都逃避战乱到此，传播儒家文化，儒家文化自然兴盛，同时，道家文化应当也有一定的传播。研究五凉文化的学者们大都是持此观点，但鸠摩罗什如何与这些文化发生关联的呢？这既是吕光没有大兴佛教的一个原因，同时也是鸠摩罗什来到异域产生文化碰撞时的一个黑洞。我想，他到凉州后一定遭遇到了强大的中国文化的碰撞。所以，他学习汉语、学习儒学尤其是道学，这为他后来在长安的译经打下了坚实的基础。在这里，便有一个问题产生了，鸠摩罗什是如何看待中国文化的，同时，在武威的士子们又是如何看待从西方来的佛教的。文化的融通便在这里产生了。历史空白的地方，恰恰是文学开始的地方。这就是我在小说中虚构的部分。

最后，是有关鸠摩罗什破戒的问题。有些史书中说他有三次破戒，西木也认为有三次，但我只用两次。在我看来，一个人的思想与境界是随着修为的提高而不断提升的，鸠摩罗什也一样。当下的很多人写作鸠摩罗什都是要把鸠摩罗什写成一个人。这从现代派大师施蛰存先生开始，当代有不少人也如此写。这其实是一种先入为主的写作，并非真正去理解鸠摩罗什。要写鸠摩罗什，就要真实地进入鸠摩罗什的内在去写他。一旦有了这样的想法，那么，我们就立刻发现，我们得从佛法的角度去解释这个人，而不是以我们现代人的思想去解释他，甚至批判他。如果这样，就可以完善地解读他的两次破戒了，能理解他的很多话了。第一次破戒是被逼的，是必须经历的，但第二次破戒就不同了。从《维摩诘经》的角度来理解，就是布道弘法的开始，就不是我们普通人理解的那样。那么，吞针事件和舌舍利的形成就顺理成章了，否则，就都变成妄语。所以说，不读佛经，就无法理解鸠摩罗什的精神。这是一个太简单不过的道理，但被太多的人忽视了。

因为这些原因，我肯定与西木兄的写作会产生不同的理解。所以我在考虑了一番后委婉地拒绝了他，但他最近又坚持让我作序，我便只好接受他的邀请，写下这些文字。此外，在我看来，弘扬鸠摩罗什精神也存在多种维度，我的理解也仅仅只是一种维度，不是唯一正确的。它对我来说，是真理，但对别人来说，可能不是，我也不强求别人接受。历史上的种种解释，也是不同的维度。所以，西木兄的理解，也是维度之一。从这个意义上来讲，我非常愿意为他写下一些文字，并助其传播。当然，我也希望他一心向佛，学习佛教一心向善和为众生而敢于牺牲自我的精神，这对人生是有益的，可开人生和创作之大境界。

最近几天，我在手机和电脑上阅读完了西木兄的《鸠摩罗什诗传》，虽然存在与我上述所讲的一些分歧，但仍然被其诗情和对鸠摩罗什以及佛教的信仰所打动。

鸠摩罗什在翻译佛经时有一个基本的认识，即佛经在印度是被唱诵出来的，他也想让佛经在中国以汉语的方式被唱诵出来。这就是他翻译佛经的最高意旨，所以，他选择用意译，将佛经中的意思用最美的汉语翻译出来，且能够唱诵，至少诵读起来朗朗上口，有韵律。如果直译，就不会有这样的效果。当然，直译可能是更接近佛经本身，但也有可能是离题万里。比如《金刚经》《心经》（鸠摩罗什译版）等，都基本上是以四字为主，读起来有汉语的韵律。这是我在写《鸠摩罗什》时没有发现的，是后来研讨佛经时慢慢悟到的。

所以，在我看来，若能以诗歌的方式写一部《鸠摩罗什诗传》则是再好不过了，没想到西木兄竟完成了。西木兄之前的诗，在微博与微信上偶尔也读到，仍然有二十世纪八十年代的遗风，家国情怀较为浓厚，且追求格言式的写作。这是我较为熟悉的诗风。当下很多诗人的诗，多倾向于戏谑、反讽、后现代，或则多写日常的无聊。因没有了澎湃的时代精神的引领，也少有对人类终极价值的追问，当然也少有对时代深刻的反思，所以产生不了伟大的情怀，自然也就产生不了震撼时代的大诗。之所以如此说，是要说明一点，只有西木这样仍保有理想主义精神和家国情怀的诗人，才有可能去书写鸠摩罗什。同时，从西木的后记来看，他有一些佛教情怀，当然，他的修行到底到什么程度我看不出来，但有一点是清楚的，那就是对佛教的敬畏和对鸠摩罗什的热爱。这是他写《鸠摩罗什诗传》的精神动力。最后是情感动力。大概与我一样，同为凉州人，始终有为家乡书写的冲动。鸠摩罗什便成为我们报答家乡的法门，所以，他以自己擅长的方式写了这部了不起的诗歌。

过去，那些伟大的先贤都有诗歌来颂扬，尤其是在人类最早的诗史中表现为甚。如《诗经》《尚书》中对华夏一些先祖的诗颂，《荷马诗史》对古希腊英雄的歌颂，目前发现的人类第一部诗史《吉尔伽美什》完全是创世英雄诗史。在少数民族中，也有不少这样的诗史。这是人类伟大的诗歌传统。它们都诞生于一个民族对自己先祖或英雄的崇拜，由此而完成了民族文化的初创。这种传统在后世慢慢消失了，因为对历史的描绘让位于历史书写，如《史记》。同时，在这种带有日常性的历史书写中，原来那种对英雄的崇拜也渐渐消失。现代以降，大众崛起，个体精神得以释放，人性获得空前的力量，而神性在逐渐式微，所以，英雄不再产生，不再被歌颂，而且即使要书写英雄，也让位于小说。诗歌的那种神谕般的精神被掩埋，诗史成为历史遗产。

西木兄的这一次书写，使我惊讶地看到诗史的灵光反照。从某种意义上来说，他在试图尝试恢复久违了的诗史传统。也许他自己都未曾意识这一点。他之所以在书写鸠摩罗什时产生了这样的书写冲动，主要在于他所书写的人物鸠摩罗什拥有诗史书写的可能性。鸠摩罗什虽不是英雄，但他是伟大的圣贤、尊者，值得被歌颂。所以，在这里，我要特别赞扬西木兄的这次尝试。

　　当然，说到这里，要顺便说一下凉州的学者、作家们。五凉文化的传统在历史上始终未断，绵延至今，使得凉州文脉从魏晋以来始终有传人。五凉文化在历史上独树一帜，不仅如陈寅恪先生所讲的保存了中原文化，为隋唐盛世提供了文化遗产，而且在汉传佛教的传播上称得上是当时的一个中心。唐时的边塞诗不仅多产生于凉州（广义来讲，凉州文化的地理当包括今天的河西走廊），且诗人中有李益、阴铿等大家。宋时多战争，记述不多，但元时有西藏萨迦派宗教领袖萨迦班智达和八思巴，是他们从凉州把藏传佛教传到了蒙古帝国，改变了蒙古人的心性，且由此改变了世界的进程。明时，修建了武威文庙，并被誉为"陇右学宫之冠"，人才辈出。清时则有张澍、牛鉴、张珌美、张翙、李铭汉、李于锴等大学问家。除了这些留名于史的人物，凉州人才犹如大河一般源源不断，为地方和国家贡献了力量。到当代，凉州为全国输送了各方面的人才，在文化艺术界有很多人享誉全国，如李鼎超、李鼎文、赵燕翼、郝润华、尹伟先、雪漠、叶舟、王登渤、史生荣、古马、阎强国、唐达天、陈玉福等。同时，在本地也有一批学者、作家、艺术家在默默地耕耘，在研究凉州文化。我接触过的有西夏文化学者孙寿龄，凉州文化学者党寿山、宋振林、冯天明、杨福元、罗文擘、王其英、李林山、张生文、张万儒，作家李学辉、赵旭峰、许开祯、孙悟祖，诗人谢荣胜、西木，书法家翟相永，画家丁二兵、徐万夫、陈石、李恒才，作词家杨玉鹏等，真可算得上是人才济济。这在甘肃文化界是少有的文化盛景。由于武威没有像样的高等学府，这些学者基本都是凭着对家乡文化的一腔赤诚在坚持研究和书写，是很不容易的。没有他们，凉州就变成了文化的沙漠。所以，也借西木兄的这本诗传，向这些学者、作家、艺术家们表示崇高的敬意！

　　愿更多的人研究、书写、传播鸠摩罗什以及凉州的文化！

2018 年 2 月 12 日夜于西北师大

关于天下第一寺的猜想

　　佛教的第一个时期是佛陀住世对佛教的创造和传播；第二个时期是他灭度后弟子们两次对他讲过的佛法进行整理，是佛法成为文化的时期；第三个时期是孔雀王把佛教定为国教并大兴佛法的时期，佛教得以从印度向周边地区传播；第四个时期就是贵霜帝国对佛法的传播，这个时期从佛像塑像艺术上讲是犍陀罗时代；第五个时期我认为是鸠摩罗什、达摩和玄奘传法的时代，佛教中国化，并成为中国文化的一部分，大约也要几百年时间。

　　从这个角度来看，第四个时期和第五个时期的前期都是由凉州和河西人完成的。这样说，并不是让我们到那边去寻根，而是说明两个问题：一是河西走廊在古代一直是一个世界走廊，各种文化在交互传播着；二是河西走廊是一个世界文化走廊，不仅仅是外国的文化进来，我们的文化也一直在向外传播着。所以说，河西走廊上的人其实一直是有世界意识的人。只是这一点我们现在淡漠了。

佛教向东传播开始于公元前3世纪孔雀王朝的第三代国王阿育王时代，以印度为中心向东、向北两个方向传播。当然也有人说，在周朝就已经有佛教的传播了，如果有，也肯定是向今天的新疆和河西走廊传播，不会再远了。

佛教传入中国的时间一直是个争议不休的话题，据《洛阳伽蓝记》和《大唐西域记》的记载，大约于公元前1世纪中叶，已有迦湿弥罗的高僧毗卢折那来中国传播佛法。《魏书·释老志》中记载，汉哀帝元寿元年，即公元前2年，有大月氏王使伊存来长安口授佛经。

但准确地被官方记入历史的时间是在汉明帝刘庄时。那是公元64年，一天夜里，皇帝刘庄梦见一个金人，身体很大，身形很大，且头顶有光明，绕着大殿飞行。那时，中国人对梦是非常在意的，认为它在预示着什么，总之与现实的关系很大。皇帝的梦就更是如此，他们的梦往往要被写进历史。所以，第二天早朝时，他问大臣们这是一个什么梦。有博士傅毅上前说，这是西方之神，名曰佛，是想来中国吧。汉明帝于是便派使臣蔡愔、秦景等十二人前往西域迎接这位大神。三年后，他们从月氏国迎来两个僧人，迦什摩腾和竺法兰，并用白马驮来很多佛经、佛像。皇帝把他们住的地方叫白马寺。那时寺是一个机构，类似于外交部一类的，后来，寺就成了僧人专门修行的地方。也因为白马寺的建立，很多人说白马寺是中国第一寺。

但也有人说，中国的第一寺是建立在凉州南山莲花山上的寺院，那时叫灵岩陀。我查了很多资料，不知道第一次提出这个观点的人是谁，也不清楚他用的证明材料是什么。网上只是在论述到莲花山寺时有这么一句，但是，这句话似乎一下子把我拉到了历史的深处。

我注意到，有的学者把霍去病从匈奴手里夺得的祭天金人当成佛像。这个说法是有待商榷的。这个说法来自一些史学家的认识。北魏崔浩则云："胡祭以金人为主，今浮屠金人是也。"司马贞《索隐》："案：张婴云：'佛徒祠金人也。'张晏曰：'佛徒祠金人也。'师古曰：'今之佛像是也。休音许虬反。屠音储。'"按照这些学者的说法，早在公元前一世纪时，在凉州的休屠王就已经在传播佛法了，那么，在南山进行祭祀也就顺理成章，而祭祀的地点便是今日之莲花山寺。

另外，也可以从另一个角度进行设想。此地当时乃月氏人所居，若是周时的禺知即月氏人，那么，他们在这里已经生活了六七百年，而月氏人后来到大夏国后笃信佛教的传统是否也可以提前至他们在河西时就已经有了呢？如果按这样的猜想，此祭天金人既然不是单于所有，而是休屠王部所有，也可能是从月氏人那里夺得的，同时，留在当地的月氏人仍然可能有祭祀的传统，所以休屠王也以当地风俗进行祭祀。如果这些猜想得到证明，那么，此金人便有可能是佛像。

现在的关键就在于在公元前一世纪末是否有佛像。目前史学家普遍认为佛像艺术产生于公元一、二世纪，是受希腊塑像艺术的影响，而希腊塑像艺术的影响来自之前发生的亚历山大的希腊化运动。他于公元前四世纪把这样一种文化推广到了印度。在公元前四世纪至公元一、二世纪如此漫长的时代里，是否有佛像的造像活动，至今未能证实。所以此说就成了一个假说。如果能够证明，又从后来他们能够在伊犁河域和大夏之间迁徙的这样一个过程也可以反推，获得这样的佛像也是有可能的。

那么，如此设想的话，在月氏人生活的时代，因为他们对佛教的崇拜，应当也可以在孔雀王向东传播佛教的公元前三世纪或最迟公元前二世纪在祁连山一带建立寺院，而祭天金人和莲花山寺便也就顺利产生了。只是那时不叫寺，而是叫精舍，或佛陀祠。有人认为那时的莲花山寺叫灵岩陀。

如果这个假说能够得以证明，那么，灵岩陀，也就是今天的莲花山寺便是中国第一寺，而不是白马寺。这个假说也有一定的道理，因为那时候不属于汉朝，在汉史中没有任何记载也是正常的。

当然，关于祭天金人，还有两说。一说是来自祆教的传统，是天神的象征。祆教，又名琐罗亚斯德教，流行于古代波斯，也就是今天的伊朗等地的宗教，过去我们叫拜火教。那时北方的少数民族多受其影响，一度传至北印度和新疆地区。这也是一种假设，还没有足够的证明。

另一说认为是来自匈奴人萨满教传统。根据后世信仰萨满教民族的传统，通过金人进行祭祀也是有的。

其实这三种假说都是从那时的草原丝绸之路上的文化传统来讲的，对于那时的草原民族，萨满教是古老的信仰，而佛教和祆教是后来的宗教。这些都是他们的信仰，所以将萨满教与佛教或祆教的信仰融和也是再正常不过的事了。但非要证明休屠王的祭天金人是什么，恐怕现在也拿不出确切的证据了，它将留给后人无尽的猜想空间。

下篇

出西北记

总归西北会风云

——《西行悟道》自序

2010 年至今，是我生命中的重大转折期。准确地说，是 2012 年。那两年，我在复旦读书。

2012 年之前，我是一个典型的西方文化信徒。尽管我学的是中国语言文学专业，可满脑子都是西方文学。2010 年冬天，我重点在看几个人的作品：荷马、乔伊斯、纳博科夫，偶尔会看一下君特·格拉斯、奥尔罕·帕慕克、本哈德·施林克，但看着看着就都觉得太轻了。我要写的是中国的大西北，那里盛满了中国古代盛世的历史，但现在一片荒芜。他们都太轻，太现代，唯有荷马的史诗能与其匹配，但即使如此，我依然还是融合他们写下了《荒原问道》。当然，在书名中用"问道"二字还是试图要回到中国语境中。

在那部作品中，我以西方的方式理解了中国的传统与现代，写了两代知识分子的心灵史。2012 年暑假，它基本完成了。但是，也正是完成它的时候，我就转向另一部小说——《鸠摩罗什》的写作，它使我彻底转向中国的传统。故而我总是说，2012年是我转向中国传统文化的时候。

现在已经十年了。

1992年毕业至2002年这十年，是我人生的一个时期，那时候主要写诗。2002年至2012年是写小说。2012年以后到现在的十年是做学术，当然也写小说与散文，散文居多。我曾向作家孙惠芬老师说过，每隔十年，我总是有一个大的转变。她问我为什么是十年。我不知道。那时我无法回答她。现在我基本能回答了。它与天道有关。一个天干轮回一周是十年，很多历史都是以十年为一个转折期，人生也一样。

这十年，我是从上海、北京往西走，先是回到兰州，然后从兰州再往西走，向河西走廊，向古代的西域新疆和中亚走。丝绸之路是我的写作和研究路径。同时，中国传统文化是另一条副线。后来，它们走到了一起。某种意义上说，我的文化研究是走出来的，不是仅仅从书本上得到的。在这一方面，我敬仰司马迁。

这本散文集，是我研究西部和中国传统文化一些文章的精选，取名为《西行悟道》。从哪里向西行？我原来以为是兰州往西走，后来就发现不是，是上海和北京，更多的是上海。

在复旦的时间仅有三年，其实是两年，第三年是写论文，大多数时候在兰州。在那两年里，我几乎每天都在思考和回答何谓西部、何谓传统的问题，会遇到各种各样的人与我谈西部，或者是我将西部与上海对比看。

　　大多数时候是出租车司机。他们会问我，从哪里来？在干什么？我如实回答。他们会说，复旦大学啊，好啊，中国最好的大学，然后，有的人说，兰州啊，我八十年代去过，一个小城市，有一条河，河两边有一些楼和建筑。他们就是不说黄河。也有司机说，没去过，我最远到过西安，再往西就没有了。他的口气里，再往西便不是人生活的地方。

　　也有没来过西部的博士同学，他们的印象里我们这里全是沙漠和骆驼。那时，我还在旅游学院，学院的同事们都曾遇到过相同的事情。总是有人问我们，你们那里有电吗？一开始我们都还有些不高兴，甚至气愤，后来都不生气了，而是微微一笑说，没有。他们便高兴了，问道，那你们是怎么上班的？我们就说，我们西部人，一般没什么干的，所以睡到自然醒，然后骑着骆驼骑着马去上班或上学，去单位后也没什么要紧事做，继续唱歌、跳舞、读诗。他们说，好啊好啊，那你们晚上怎么吃饭？我们说，因为没电，我们一般都是点着蜡烛吃饭。他们便大喊，哇，烛光晚餐啊？好浪漫啊！我们总是自嘲地说，唉，没什么，我们还是日出而作，日落而息。

　　我知道，很多人完全是靠想象在理解西部，我当然也知道，这是我们宣传的"效果"。我曾在南方不止一次遇到这样的情景，一如我们一遇到云南和广西的人，就觉得他们都曾站在山顶上唱歌，其实他们跟我们一样都住在都市里，没有山顶可爬，有些根本不会唱歌。当然也像二十世纪七八十年代欧美人对东方世界的想象，萨义德实在看不下去这种妖魔化东方世界的情形，便写下几本书。任何时代任何地区，人们都会因为信息的接受而产生遮蔽，也会不自觉地产生中心与边缘的感受。

另一种情形是我自己的对比。比如，上海人的国际视野、高效、文明、讲实际、讲信义等都是值得西部人学习的，他们吃你一顿饭，就肯定会为你办一件事，要么就不吃。不像我们这里，饭吃完了，酒喝大了，事情却没说，说也要等着下一次吃饭时再说一遍后去办。酒喝不好是不能说事的。很多南方的商人到这里来多有不适应。我也仔细研究过，从《史记》中所记述的西羌、月氏、匈奴人到现在的西北人，似乎一些根本性的东西并没有变，比如义气，这是西北人所独有的。因为长居西北方，而西北在五行上属金，在八卦方位上又是乾位，天生是英雄生长的地方，看不起小钱，但往往也挣不了大钱。所以我有时候想，很多人都想让西北变成上海，这可能吗？它如果丢了自己的属性，未必就是好事。但在这种义气和英雄主义的背后，藏着的是另一面，是难以诉说的缺点，不说也罢。

在那间孤独且被海风日夜吹打的博士生宿舍里，尤其是在寒冷的冬夜，我几乎夜夜都看见自己行走在荒原上。这大概是我写《荒原问道》的原因。而博士毕业后回到西北，我便把自己的目光和行动毫不犹豫地锁定在古老的丝绸之路上，且不再向东，而是一路向西，向古代走去，向天空走去。那里是天地间最高的楼宇：昆仑。

所有思想和情感都是在这种转身向西的过程中写下的。也许有些过于热烈，所以也不免偏狭；有些过于孤独，所以也不免不被理解；有些甚至过于深奥，也不免被人误解。但我接受这样的偏狭和误解。这是我作为一个人的局限，也自足于这种局限。

由是我最想感谢的是复旦、上海，和我的老师陈思和先生。没有那几年在上海的学习，我就不可能站在远处看西部，也不可能深入地思考西部，并不断向东部的人们回答何为西部。尤其是当我住在复旦的学生宿舍里写作《荒原问道》的时候，我似乎就把灵魂完全地交给了西部。地质学家说，在 2.8 亿年前，整个西北是波涛汹涌的古老大海，现在的戈壁、沙漠便是那时的海底世界。真是沧海桑田啊！这样说便令人喜悦。我也心领神会，在我的生命深处，有一片古老的大海一直在澎湃着，汹涌着。正是在上海，它和另一片现在的大海神秘地相遇并共鸣了。我的老师陈思和先生一直给我们讲他的老师贾植芳先生的故事，贾先生曾在新疆工作过，对西部有特别的感情。前些年，陈老师把贾先生的书都捐给了河西学院，在河西走廊的中部建了一个图书陈列室。陈老师曾带着我们一众学生——部分已经是成名的大学者——多次到西部去游学，感受贾先生走过的西部大地。而陈老师的父亲也是在支援大西北的时候仙逝于西北，故而他对西部有着特别的感情。他曾对我说过，中国的西北，有辽阔的山河，那里装满了伟大的悲情和历史故事，是能产生伟大作品的地方。很多时候我在想，我其实是应了他的这句话回到西北的，或者说从上海重新回到兰州的。

当然，要感谢的还有北京。尤其是已故的评论家雷达先生。

我的大多数文章，他都看过，甚至向一些刊物引荐过。我在他去世时的一篇文章里也曾说过，我将继续带着他游历古老的大西北。

由是，我把这本书献给荒凉的大西北、繁华的上海，献给我的老师陈思和先生，也献给已故的雷达先生。

构建新的凉州是否可能

1

某一天，在古凉州，一位中年男子站在我面前，准确地说是一位正宗的凉州美男子。方脸，浓眉大眼，寸头发型，说起话来尽管也想微声细语，也尽可能地谦虚微笑，但仍然中气十足。在一个图书发布会上，他早早地写了发言稿，认真地朗诵（几乎不是发言），其声美若洪钟，仿佛每一个细胞都在呼吸，充满了激情，若是我从来没走出武威，他的声音一定是天下最美男声。他的声音使我想起上大学之前听到的那些最美乡音。那时，我还不怎么会普通话，除了电视台和广播上的主持人之外，我未曾想过还有谁会认真地说普通话。谁知，三十年过去，我已经不会讲凉州话，凉州人也纷纷拐着说普通话。只有父亲、母亲还是一口的乡音。世事难料。

那一天，他告诉我，他叫元辉。他说自己的名字的时候，我看见他眼睛里闪着山泉一样的光辉。他放在我面前几本书，有长篇小说《汗血宝马》、诗文集《诗文话天马故里》，还有文史散论《天马长歌》、学术专著《凉州贤孝二十四孝》。如此丰富，如此地方性。

其实他姓李，与我母亲的姓一样。元辉是他的名字，也是他的艺名。李姓是凉州的大姓。他的姓名里的"元"字，是冥冥中的暗示，他的确一直元气充沛。每个人的姓名都是他的一个符号，就像他的衣服，显露着他的秘密。但凉州人会把"元"念成"yuang"，普通话中是没有这个音的，只有凉州人在说。显然，普通话中的"元"需要把嘴形收敛一些，需要谦虚一些，凉州话中的"元"是饱满的，开阔的，一往无前的，是带着洪荒之力的。

前几天有人跟我讨论龟兹有一大姓帛姓，翻译则是白姓。那人觉得我写了鸠摩罗什，一定明白。我笑道，是的，鸠摩罗什时龟兹的国王就是这个姓。之所以把"帛"翻译成"白"，当然是凉州话。五凉时期的凉州话泛指整个的河西话。我说，佛经中应当也会有这样的语言，只是我没时间研究这个，若有，肯定能找到几个。那位朋友就问我，凉州话有何特点。我说，凉州话是中国最好的话之一。他笑道，你不能因为是凉州人就把凉州话说成这样。我认真地说，你看，凉州人说话的时候，为什么个个元气充沛？我爱人在我老家住了半年，每天早上都是被人吵醒来的。她听到街上有人在吵架，便问我母亲。我母亲仔细地听了半天，说，没有啊。我爱人便说，您听，现在还在吵，那么大的声音，难道不是吵架？我母亲一听，便笑了，说道，那是两个女人在喧谎儿呢。意思是在聊天。我爱人便诧异，聊天是私聊，怎么还那么大声音，像是隔着很远的距离在骂架。我母亲便不解地说，武威人就是这样啊。我母亲那时没去过太多的地方，她以为天底下都说的是凉州话呢。我爱人回来给我说，我便笑，那一天，我也才意识到凉州人说话声音真大。后来我认真地对比来看，天底下恐怕只有凉州人说话不是靠嗓子，而是整个身体。

我记得小时候黄昏时我们都在街南头玩耍，母亲做好了饭，站在家门口，往南一喊我或弟弟的乳名，我们便都听到了，飞速跑回家。后来看母亲或别的女人喊自己的孩子，发现她们身体稍稍往前一倾，从丹田——不，还有整个双腿和脚底——往上运气，然后发出一声呼唤儿子的声音，那声音定然能传至五百米甚至一公里远。我女儿小时候也在凉州乡下待过一阵，有一天我回去时，正好她在喊她姑姑。我看到她像小公鸡打鸣那样，头往上一仰，浑身运足了劲，然后小脖子往上抬，小肚子往前挺，像个风箱一样从肚子那里发出了声音，再通过嗓子成了形。那声音大得吓了我一跳，也把我笑坏了。我知道她模仿了凉州人，而凉州人又模仿了公鸡。那一天，是我重新发现凉州的一天，也是我重新认识人的一天。那一天，我也知道为什么凉州人说话舌头是平的，不会拐弯，从来不可能有儿化音。再后来，我学习了佛家和道家运气的一些方法，当然还有大学的体育课堂和音乐发声课堂，便知道凉州人是天生的用气专家。如果不离家多年，如果不重新回去，又怎么能知道凉州呢？

说这么多，一方面是想说明元辉兄所代表的那种凉州人声音的来路是有古老的科学原理的，是道法自然的结果；另一方面也是想讲讲凉州的文化，尤其是被我们忽略了的而且是即将消失了的日常文化。这是最重要的活态文化，是需要抢救性记录的。它们即将消失，而这也是凉州，甚至说才是真的凉州。五十年或一百年后的凉州人再也听不到这样的话语了。我一直在《话说五凉》中强调，凉州是我们凉州作家和文化学者认识中国传统——当然也包括现代化之路——的一个镜像。我们不能光讲那些书本上的，尤其是古籍里的凉州，还要去认识我们已有的鲜活的日常生活，而要认识这一点，首先要有古籍上的知识，同时要有对当下日常的发现。

我们往往不认识自己。前面的可以交给历史学家，后面的则要交给作家——当然，并非今天那些靠虚构混日子的作家，而是对中国文化有深邃研究和体认的学者型作家，就像司马迁、曹雪芹、鲁迅等。他们对历史和日常都有深刻的把握。司马迁与后两位又不一样，他要比他们更为深广，更为博远。他在为中国构建一座精神的大厦。后两位是在破，也想建，然而未成。从这个意义上说，真正伟大的作家是那些在天地间以宇宙之律法为人类建设灵魂大厦的人。这是我们应当神往且追随的。

说到这里，我们必须承认，随着人类知识的增长和细分，学科之间的藩篱也由此产生。在我们没发现西方时，我们只需要学习中国的知识就够了，现在我们不仅要学习古人的一切，还要学习西方的一切，我们的知识系统发生了巨大的变化。西方与中国不同在于，西方人似乎不用学习我们中国的一切，他们仍然在学习自身古老的一切知识，然后有意无意地涉猎中国的知识就可以了，这对他们似乎就足够了。而我们则不同，我们是颠倒了，我们首先是学习整个的西方知识，然后有意无意地学习一些中国古老的知识，对中国古老的知识多少有些忽视。

然而我想问，我们真的知道先人们那些古老的知识吗？我们真的明白他们在说什么吗？过去，准确说在四十五或者五十岁以前我以为我们是知道的，可是我慢慢地发现，我们并不知道。我们的知识系统经过了若干次的屏蔽，我们把最基础的天地规则的东西慢慢丢弃了，而剩下了那些神神道道的东西和教条说教的内容，我们说不清楚古人的思想来自哪里。我们失去了源头。

所以我们的一切讲述都是可疑的，值得怀疑的。所以我们不认识我们曾经居住过的农家小屋为什么要建成那样，而不是城市里的这种西方式的建筑。所以我们不明白老人们的口传心授，不明白他们言语中流露的点滴真理。我们不明白我们为什么说这样的汉语，写这样的汉字，我们急着要把汉字换成钱换成经济效益，急着要把汉语抛弃而学习英语，急着要变成白人。我们不明白我们的时间为什么是这样，而古人的时间为什么是那样。我们不明白我们为什么这样吃住睡行，而不是那样。总之一句话，我们对我们现有的日常生活都不太理解，又怎么可能去理解古人呢？

这就要说到我们如何讲述凉州，如何构建凉州。当然，大而广之，我们如何讲述和构建中国。这个问题使我们不得不反思现有的教育。自引进西方大学体制后，文学就被分离出来了。我们在大学时读的那些文本，那些诗人、作家的作品，堂而皇之地构成了一种叫文学的东西。到二十世纪八十年代时，大学里的教育使我们已然分辨不出文学是被抽了筋骨的。我们也学着李白、陶渊明那样的姿态，学着鲁迅、胡适那样的腔调，自然也习得了尼采、贝克特那样的修辞与思想，然而，我们不曾知道，这是被分类后的一种有意识的供给。甚至，再后来就更是荒谬。搞历史的不看文学，搞文学的不读历史，搞哲学的把文学和历史都不看。搞哲学的只看西哲，一说哲学的源头就是古希腊，跟中国没什么事儿，仿佛中国人从来就不会思维。他们甚至借哲学一词来屏蔽中国的智慧。词语和概念一时之间竟然成了教主。再看看被细分后的文学，搞先秦的不搞唐诗宋词，更不看现当代文学，而搞唐诗宋词的人有意识地不搞先秦诸子的研究，美其名曰安分守己。一旦搞文学的说点历史的事儿，历史学者立刻跳起来，你怎么能越界呢？你一个搞文学的怎么能讲历史呢？搞历史的以为那些被他们掌握着的碎片化的知识信息是科学，是天条。一切都像是被分门别类了，更准确地说，学术界到处都是大地主、小地主，还没有资本家。如果有一个资本家，那也会成为大师，因为他是拿海量的学识当作资本。

　　但我们要问一句，是谁让我们成为了这样？是上天吗？是这世界生来就如此吗？显然不是。天地人与万物总是一个整体，反过来讲，也只有整体的存在，才会向我们显露它的真理本身。现在，我们总是拿一片叶子就大声地告诉世界，瞧，我为什么如此聪明？为什么我掌握了真理？而这真理是前无古人、后无来者的。

这真理是我发明的，必须以我的名字来命名。这世界的荒唐仍然是要延续下去的，就像太阳这样的真理每天都要升起一样。它们一实一虚，永远相伴。

所以我反对学科上的山林耸立，反对任何学阀的颐指气使，也反对拿一些碎片的知识来炫耀为真理。正如法国思想家福柯所说的那样，二十世纪以来，人类三大显学考古学、人类学和精神分析学把人变成了知识，从而终结了人本身。这是百年来历史学、文学、哲学相互告别之后的恶梦，然而它因为有强大的西学传统为背景，依然有难以形容的自信。这是荒谬的。文学家们不再去读史书，不再去研究科学，不再去思考终极问题，而是津津乐道于虚构的家长里短、柴米油盐和情事性史，陶醉于语言的修辞中，使文学变得越来越个体化，失去了某些应有的通约性、共同性，也失去了可供世人借鉴的可靠的世界观、人生观，世间难以再产生那种古老的人与世界的共鸣，文学的意义便显得微不足道。当然，即使如此，也会有一大批作家依然孤傲地宣称，这就是我，我就如此。是的，谁也不能把你怎么样，谁也无权也无必要去阻止你，尤其今天的学界、刊物和世界上一批这样的人还在支持你。问题在于，你自身将陷于黑暗和枯竭，就像那些断流之河，心性的盲目最终会使他们在恐惧、遗憾、悲伤中死去。

人类古老的教义正在丧失意义。这是最为可怕的事实。我常常为同时代的作家、文学教授们和历史学教授们感到悲哀，也为这个时代拥有如此多的自以为是的迷茫者而感到悲伤，他们使这个时代陷入泥潭，每个人都是失眠的星星，但似乎都在坠落。原因在于人们不再想维持古老的世界秩序，人们不明白那套秩序并非人为的，而是宇宙固有的，人们都想从自我的基础上再造一个任性的社会，甚至一个虚无的物质世界。每个人都无限地虚幻而膨胀，以为对这个世界很重要。我们不明白，我们在永恒的时空里，不过是过客，不过是刹那，但是，我们也是世界的一部分。知识、理性捆绑了我们。我们对自然的感性认识已被确定为迷信，我们不能和自然界产生有机的联接。真正的问题就在这里，我们不能确信自己是自然之一物。

然而，我在进入五十岁的天命之年后才一天天明白，凉州的每一天每一刻的生活，都在向我们显示这些宇宙与人生的真理。我们是历史的延续，历史就在我们的身体里，就在我们的呼吸间，同时，整个世界也在我们的呼吸间延展。凉州显然不是这世界的中心，是边缘之地，但是，恰恰是边缘，它使我们才看到真相。此时，因为真理的显现它又成为中心。问题在于，我们的绝大多数作家和学者都以为真理的中心在欧洲，至少在北上广，真理与我们无关，我们必须跟着别的作家写。我们可能需要出去那么远行一趟，甚至需要带着强烈的叛逆之心去需要到外面去认识世界，然后回头重新发现凉州。

我是想说，对于每一个作家来讲，故乡都是其发现世界、人生真理的地方，也是其重新构建精神世界和人生真谛的最终地。凉州对于我是如此，正如南方对余华如此一样。我们每个人都有自身的故乡和精神世界。

元辉兄是一位作家，当然他可能在通常意义上，或者按学院派的认识，是一位历史专家，但在我看来，他就是我认为的作家。他把历史与文学天然地集于一身，既不局限于历史碎片的一招一式，而是用生命的体验和文学的想象去重新描绘历史的天空和大地上的印痕；也不拘囿于文学的日常性或虚幻性，而是用历史的维度和刻度去诉说历史的日常。这正是一个真正的作家所需要的大本领。

2

在此，必须重申作家的意义。

作家为何写作？一千个人恐怕会有一千个答案，但最伟大的作家可能只有一个答案，即完成对这个世界的建构。这不仅是给自己一个圆满的答卷，也是给世人一个完满的回答。他是要回答，人如何完善地立于这世上。

那么，另一个问题又出现了，谁才是作家？现在的人们可能觉得写写情志、绯闻和世间琐事的那些人都是作家，那些经营修辞的才人们。是的，他们是今天意义上的作家，也是最为大众化和世俗意义上的作家，但在我看来，他们仍然不是真正意义上的作家。

真正意义上的作家是对世界和人生有通透解释的智者。他们对世界运行的规律有非常客观的认识和总结，比如老子、孔子、司马迁等，比如荷马、柏拉图、亚里士多德、耶稣、释迦牟尼、龙树等。他们经营的修辞直抵世界的中心，直抵人性的本质。或者说，他们是从世界的中心和人性的本质出发来向世界宣布真理者，是由内而外的作家。

而后世意义上的作家都是关于自我性情的抒发，仿佛一朵花对自己的赞美，是一朵花关于世界的短浅认识，因为太执着于自我而忘记了广阔的世界。或者一朵云关于与另一朵云相遇感到的疼痛、欢乐乃至死亡。他们徘徊于真理的边缘。故说现代意义上的作家是狭窄的，当然他们也自我满足于这狭窄。这种狭窄来自西方学术细分之后对中国作家的再次隔离，把他们从整体性上进行哲学、历史、文学、新闻、戏剧、电影等的一次次分离。不仅仅是对知识的切割，同时也是对真理的分离。他们以为被分离之后的狭窄的局部便是自我，便是真理。他们说，文学就是语言的艺术。他们突出文学与语言的关系，且强调分离才是实现自我的最佳途径。而伟大的作家则永远痴心于回到整体性，回到自足的人性与物性。他们则说，人如何在这个世界上存在，言说是真理的声音。他们强调人与世界的关系，语言的修辞则让位于这种思考，或者说修辞只是用来更好地表达清楚人和这个世界的本质。所以说修辞与真理的伦理关系是外与内的关系，同时也是阴与阳的关系。故而我们会知道，前者重视的是"文"，后者重视的是"质"。前者若能抵达质的中心，则文与质合为一体，成为一个整体。后者则必须借助于文才能实现其本身。

故而说，回到人与这个世界的整体性，是作家追求的最高目标。是故作家不是今天意义上写写散文、小说、诗歌的小情调的文人们，而是一切以文字、影像甚至语言为志业的怀着大情怀的人们。他们可能是今天所谓的历史学者、哲学学者、文学家、记者、导演甚至演员，甚至那些数学家、物理学家、地质学家、考古学家、阴阳家……

此外，他们无论身居何处，都以自我为中心去构建一个整体性的世界。所以康德不必离开他居住的小镇就能理解整个宇宙，福克纳不必离开故土就能理解他那个时代的西方世界，陶渊明可以回归田园，老子可以隐居于边缘世界，甚至孔子、释迦牟尼、苏格拉底可以仅以语言来描述真理。

所以我们常常会问：文字到底是来干什么的？它无中生有的目的何在？自然是要在这个空茫的世间搭建一个精神的家园，与那个物质材料搭建的家园相内外。

所以我觉得好的作家无论身居中心还是边缘，都将面对一个核心命题，即如何构建一个整体性的完满世界，人如何在这样的世界里自由自在。

所以，我愿意将一切以文字为志业的人放在作家这个层面去考察。只有这个整体性中，一切的端倪才不言而喻。

3

就像文学批评者那样，他们自以为拥有真理本身，历史学者也常常误以为自己掌握着历史。当然，也恰如一些哲学教授以为掌握着世界与人生的钥匙，他们夸夸其谈，甚至颐指气使，常常忘了去自然界看看。

我的意思是无论作家、历史学家、哲学家或文艺批评者，都要敞开自己的胸怀，向着广阔的世界学习，才能"知其白，守其黑"，才能做到一阴一阳合为道。也就是说，要向整体性的世界逼近或靠拢。我们往往是只得其一，而不能看见其二甚至其三、其四，而以为世界就是由那个其一构建或为尺规的。我们的盲目和自闭便在这里。中国的圣人们都是向天地学习的人，因为只有天地才拥有整体性。一旦我们自负的时候，天地就悄悄地将其真理藏起来，而一旦我们低下谦卑的头颅，认领天地之大道为我们的终极真理时，天地就会向我们无尽地吐露其真谛，显示其奇妙。

我的另一层体会是，在向西方文化学习的过程中，我们得到了很多，对"人"本身有了充分的认识，尤其是对人的身体、欲望有了通彻的了解，但过于强调"我"，过于依赖物质性的"我"，且过于强调"我"超越于自然的能力，结果使我们的"感觉"与"思想"在得到解放的同时过于放任。感觉主义在二十世纪大行其道，成为存在主义的一大法门。而海德格尔等强调的"思"则使我们执拗于个人自闭的幽思。"感觉"和"思"使我们过于"内卷"，过于执着于自我，而这正是天地大道和智慧所忌讳的。我们从一个极端走向了另一个极端。故而，我们必须摒弃百年来西方文化对我们的另一种误导。我们必须重新向天地学习，正如老子所言的那样：道法自然。这才是思的开始。

4

说这么多到底与元辉的这本书有什么关系呢？这一定是读者

诸君所奇怪和诘问的。

我和元辉兄的缘分来自《话说五凉》，我们各讲了一部分。他重视史，我重视文，各执一端，若合起来看，则快接近于整体。当然接这个活，也是受了元辉兄的鼓励。在此有些想法得记录一二。

我对凉州文化的研究仅仅是入门而已，只是打马过凉州而已，相比于元辉等一批在凉州孜孜不倦做研究的学者、作家，真是井底之蛙，尤其是面对一些具体问题时更是不敢高声语。但即使如此，我还是大着胆子做了190集《话说五凉》短视频。

《说话五凉》有意想尝试一种文史哲结合的方式，尤其是文史统一的方式进行，当然，文学的方式不免多了一些。这与我长期从事文学和以文入史有关，当然也与我史学知识不太扎实有关。我从2004年开始讲授《中国文化史》、2008年讲《西方文化史》以来，对中国文化和西方文化的比较很感兴趣，尤其是对两种思想的演进下了一点功夫，但对具体历史的细部知之甚少，所以在讲《说话五凉》时常常不能深入细部去讲，不能讲"凉造新泉"的具体年代和如何铸造，不能讲那时前凉与西域诸国如何进行贸易和交流。所有这些，都是在读了陇上诸贤的书后有点记忆而已。根本上讲，我对这些细部的研究暂时不大感兴趣，也没有精力去处理。这样就有些粗放了。

我的兴趣点在于凉州对于整个中国和世界有何意义和价值，凉州自身的文化特征是什么，凉州何以成为凉州，凉州在两千多年的信史中究竟是如何演变的，凉州有相对独立的世界观和方法论吗？用凉州可以来解读中国吗？用今天的凉州能解读整个世界吗？凉州可以成为中心吗？等等。

我的着迷之处则在于，我在凉州生活了几十年，有鲜活的生活体验，这些鲜活的生活体验与过去的历史和存在的地理之间构成了一种什么关系，或者也可以反过来说，我所习得的所有关于世界和中国的历史、思想乃至科学常识是否可以帮助我们重新解释凉州，再远一些，是否可以重新构建一个新的凉州。所以我用孔子的"六经"思想试图来解读凉州、构建凉州。

这显然已经超越了当代史学的范畴，已经有点哲学味道了，实际上，它不过是中国古人所讲的文学的一种常识罢了。我以这样的常识试图构建一个文学的诗意的凉州。

我不知观众是否能感受得到，但就我自己，这种企图在逐渐达到目的。至少，它已经在我心里踏实地存在了。

故而，凉州之于我，它不仅仅是一个故乡，而是一个以它为中心的整个世界。

5

因为这样的一种观念和肤浅的实践，使我更进一步确信中国古老的世界观和方法论更接近于真实，更接近于整体。我们不仅仅要使文史哲统一起来，而且还要借助于地理学、天文学、生物学、物理学等方面的科学知识，使其更为真实。

比如，当我们要说清楚"天倾西北，地陷东南"这些神话时，如果用我们一贯的方式就是罗列古人的各种话语，这些话语如没有今天意义上的地理学家和天文学家的参与就不能使人相信，但如果请出地质学家、地理学家和天文学家以及人类学家、语言学家，就会发现在上古时代的西北经历过一番地理上的大变化。大洪水、西北高原的隆起、西南诸地水系的形成都是自然变化的结果。而青藏高原是地球上最年轻的高原，其生命活力最强，至今仍然在上升，其北部边缘在近一万年内以每年7至10公分的速度上升。如果以这样的速度，青海北部的祁连山、新疆南部诸地在近万年里上升了700米至1000米，相当于凉州从现在的1600米左右要下降到900米至600米左右，相当于今天的陕西一带。也就是说从现在地理学上所讲的第二阶梯向第三阶梯过渡。

这当然也不是十分科学，但它是理解中国神话和中国文化变迁的重要支撑。人是环境的产物，或者说人与环境是相一致的。一旦环境发生巨大变化，人类的生存就面临巨大挑战，人类也将不停地迁徙。如果我们以这样的科学知识为支撑，再加上严谨的考古和古籍以及神话中的诸多记忆，那么，原本不可相信的神话传说便有几分清晰了。

这是我研究凉州以及西北历史的另一个维度。

6

但我们的知识体系往往是残缺不全的，人生也有涯，知识却无涯，所以我们对整个世界、我们生存的环境、人类的历史以及我们自己的认识是不全面的，我们必须虚心地倾听，一是虚心倾听各种学科的人的知识和意见，二是虚心倾听自己内在的声音，三是虚心倾听大自然的一切消息。

书本上的知识仅仅是关于我们生存世界的微小记忆，且是残缺的、碎片化的，所以只能相信其部分，不可全信。古人的经验和思想也是关于这世界的部分真理，随着世界向我们的敞开，一些内容必将是陈旧的，需要抛弃的，另一些内容则历久弥新，且整体性犹在，所以需要我们重新去解释。关于凉州也是如此。凉州的记忆中有矛盾的地方。如大禹关于九州的划分中，凉州自然是雍州或雍州的一部分，《禹贡》和司马迁《史记》中也有一些地方没用这种思想，但司马迁的时代凉州属于西域，由匈奴占领，且在周代时仍然属于西域，由月氏人占领，司马迁无法看到更早的史料，也没有任何知识来证明整个的河西地区以及青海、新疆的部分地区属于雍州。这是他的局限，也是典型的史学家的做法。但他给后世立了法则，后世之史家大多也以其范围来划分中国了。

于是，我们会看到，如果按大禹分九州的思想来看当时的天下，今天的西北地区为雍州，是神话、洪水、流沙、玉石等伟词和神祇诞生的地方，在先天八象中属于艮位，意指这里有山；西南地区则是梁州，是青藏高原的东南部，是泽国，为先天八象中的兑位。在陆地文明时代，西北部在丝绸之路上有玉石之路，还有人们想象中的粮食之路、彩陶之路、神话之路，总之这里是中华文明与整个世界文明交汇的大通道。同样，西南地区也是人们交流的一个大通道。张骞从西域归来告诉汉武帝，那里也可以凿通西域，所以汉武帝派张骞、司马相如等去治理那里，也派了大量的兵力想开通那里，后未遂而作罢。所以三星堆文明不过是昔日中华文明在西南部与西域文明交流的一个证据而已。

不仅仅大禹有九州思想，匈奴也似乎在用这样的思想。他们从北南下，把西边的地区分配给右贤王，单于自己是头部和心脏地带，在中部，在今天的陕西、山西北部一带，而把以东的地区分配给左贤王。这是一种坐北朝南的方式。大禹的九州思想也是如此。坐北朝南是生命按太阳运行的方式确立的，是一朵向日葵的方式，当然也是所有生命的方式。没有太阳，一切生命将不可能诞生、生长。这就是道法自然的思想。九州思想就是道法自然的思想，是把天和地看成人的样子。这样理解世界便容易多了。容易，也是《易》的思想和精神。

所以，我们打下河西走廊，俘虏右贤王，便是断去了匈奴之右臂。这样理解历史便是一种形象的思维，而非某年某月某日霍去病如何右贤王和休屠王等。大单于也在向南发展，意图拿下九州。同时，汉武帝也在努力开拓，在西北方，断匈奴之右臂，在西南方，试图伸开右脚。最终，卫青、霍去病北驱匈奴，封禅狼居胥山而祭天，又在姑衍山封禅祭地，兵锋直达瀚海。这就使中国这个巨型的人伸直了身子，放正了脖子和头颅，还伸展了左臂。

这就是古之圣王的天下观。雍州和梁州是整个的西部，它们若不在，右臂和右脚便被砍去了。当然，不仅仅如此。九宫图形是一个方形，它们相当于整个中国。故而说，周秦以来到司马迁时，中国的地理仅仅只是大禹时的左半边而已。右半边身子则一直被自己定义为西戎。从现在的考古发现可以得知，齐家文化几乎可以将雍州还原，而三星堆文化是否可以将梁州还原则还不确定。

目前我们的史学研究是有部分材料，但无思想，所以往往没有整体观。文学当然更不用说了，只是拿自己的一些日常感受，而不读史书，就想建立一种世界观，何其虚妄。

7

无庸置疑，凉州在人类历史上也许有一些意义，但算不上核心地域。凉州在中华文化的版图上曾经发挥过重要作用，尤其是汉唐时代几乎是核心地区之一，但自宋以来就逐渐失去了这种区位优势，变成了边缘，再后来几乎成了死角。人们在这里生生灭灭，如同日月轮回一样，没有什么新的变化。太阳是照不到这里的。故而在很多人那里，尤其中部和东部的人们那里，凉州与其没有多少关联，最多是与《凉州词》相关的几缕思绪而已。

中国太辽阔了。过去她是天下，现在她虽然成为全球地理上的一个国家，且并非发达国家，但她依然是世界的中心之一，还在影响着世界。过去我们因为向往美国式的高速发展，向往一个全新的毫无负担的新局面，我们对自己的历史一度产生过怀疑，甚至厌弃，但现在看来，当我们需要重新面向传统的时候，当我们重新面向陆地的时候，历史就成为我们的宝藏。在这个时候，古老的凉州就又像烽燧一样亮起来了，且燃起来了。

重新叙述和构建凉州就成为必然。像我一样的游子纷纷背上行囊，拿起笔，重新来描绘自己心中的故乡了。因为每个人有不一样的人生，所以每个人定然都有自己关于故乡的模样。千百个凉州就会出现，而千百个凉州才能成为一个真正的凉州。

所以，我总在想，故乡凉州是一座活生生的生命之地，而非残片，更不是历史的几行文字。故说我们所有的文字都不过是它的一缕炊烟而已，或者某几个背影。我们试图用干枯的文字去还原一座生命之地，简直是痴人说梦、盲人摸象。

但我们仍然想为此而努力。这是我们人的局限，但也是幸福。在这样的视角中，我们要尊重每个凉州人对自己故乡的叙述，就像我们要尊重故乡的每一棵树一样，毕竟，我们不能只留下那一棵只像自己的树。这就是常识。但这样的常识现在变成了一种令人生厌的道理，仿佛没有任何主见者才会如此。

8

借元辉兄的宝地来讲这些，是因为这些年研究凉州文化的人越来越多，用学术的、历史的、文学的甚至影像的方式，将来可能视频的方式会越来越多。这样才可能构建一个完整的凉州，一个新的凉州。同时，人们的分歧和争议也就越来越多。如果仅限于学术的层面，自然是极好的。当然，如果上升为道德层面的批评也不必太过焦虑，因为这样的批评是批评本身发展到高潮之必然，然后才可能有批评之冷场和结尾。这是事物本身的规律。佛家说任何事物都有成住坏空的过程，道家也说所有的事与物都要经历生旺墓绝。但是，接下来则是新生。所以我们不必太过认真，我们任何人的言说都不过是世相的一部分而已。所以，在更为广阔的境界上，我们还是要学习天地的胸怀，包容一切，融摄一切，八面来风，集于一身。这才是道法自然。

感谢元辉兄！就让我的这篇文章成为这部书中的另篇而存在，而非序。

辛丑年乙未月辛己日庚子时　于兰州

以文学的方式，构建一座中国的凉州

—— 徐兆寿《凉州传》《话说五凉》创作对谈录

主持人：徐兆寿
对谈人：谢腾飞、王顺天

徐兆寿：今天我们有一位新的嘉宾，是西北师范大学文学院的新晋博士谢腾飞，另一位是大家熟悉的阿天，他是我们传媒学院戏剧影视学的硕士研究生。今天我们来谈一下《凉州传》《话说五凉》这两本书，我们今天实际上就是要告诉大家为什么要写这两本书，要把这个话题打开。

王顺天：与您之前的创作相比，我发现《鸠摩罗什》以及《凉州传》《话说五凉》这样的写作将笔力运用到了关于凉州的书写之中，这是否是您创作生涯的一个转向，可否聊聊您书写凉州的缘起在哪里？

徐兆寿：我现在觉得所有的事情或许可以用佛教里面的话来说，那就是因缘际会。本来刚刚过去的这个假期要写小说，同时想把《荒原问道》修改一下，重新再推出一个全本。因为当时删了十五万字，就觉得很可惜，尤其是把特别有思想含量的一部分给删掉了。所以后来只剩下一个故事框架，尽管如此，大家仍然觉得这是一本充满了诗意和哲理的书，实际上诗意哲理的部分删得太多了，《荒原问道》就是中西文化的对话之书。到了《鸠摩罗什》，就主要定位到了中国古代文化，以及儒释道怎样融合交汇以及重建。其实这些写作也是在探讨中西文化的冲突和融合的问题。事实上对于一个小说家来讲，可能不需要这么处理，但是我是深受传统文化影响的，我觉得司马迁的《史记》是一个典范，《史记》就是文史兼备的。而我们今天大多数作家的书写太文了，缺乏史的意识。小说写到今天这样一个纯虚构的地步，史的东西逐渐被丢失了，中国文学中文质彬彬这样一个美学传统也就丢失了。从中国传统文化的角度来讲，要写凉州，还是要把史的部分也写进去。这样的写作或许才能够有机会流传于后世。从文与史的脉络来看，司马迁的《史记》、屈原的《离骚》，杜甫的诗歌等古代经典，构成了一个伟大的文学传统。这让我们重新来思考一个命题，就是文和史怎么样重新去结合。所以我就在这样的思考前提之下，展开我的写作。当然同时也是因为我老家的一些学者以及文化管理者也希望我能在文化传播与文学书写方面为家乡做些事情。我突然想到了我已经写成的"传统四书"，也就是《道法自然》《中庸之道》《礼教之道》《君子之道》四本书，当然这也是我整体性地去梳理中国传统文化的精神命脉和主要特征的努力，我认为这十六个字也是中国传统文化的核心价值观。顺着这样的思路，我便写了《凉州传》与《话说五凉》。我意图将凉州的历史解释清楚，这实际上也是在解释我个人。所以我必须要把凉州搞清楚，我就能够知道我身后是一种什么样的文化，而这种文化或许也决定了我的未来。简要概括，那就是以文学的方式，构建一座中国的凉州，司马迁《史记》的写作就是文史结合的一个范本。我写的这个《凉州传》呢，跟西方史学家的写作是不一样的，西方史学家可能是尽量地追求客观描摹的东西。这跟我们古代的司马迁开创的这样一种史家传统不一样，它过于注重工具理性，司马迁则是完全给你另外一个范本，就类似于圣经一样的，你读了它以后，就自然感觉到中国人的伦理精神。所以史学的价值就在这个地方，他用一个诚实的方式来告诉我们这些东西都是真的。我想重新回到古代以史和文共同浇筑的方式去讲一个地方。我们学校最近也在探讨一个课题，是关于丝绸之路以及河西走廊的研究。以之前的文化视野来看，我们处于边缘，但是在汉唐时代，河西走廊以西就是一个对外开放的口岸，类似于今天的上海、香港、深圳等地方。当我们重新去看河西走廊以及丝绸之路时，会看到中华文明与世界文明的古代交往，也就是中国的世界性图景。所以说凉州的历史地位以及当代价值亟需我们今天的新一代学人们去重新建构出来。

谢腾飞：作为您的学生，也作为您的忠实读者，我看过您的大多数作品。从您之前的诗歌、小说创作，到一些学术性写作，再到重构传统文化的思想性书写，可以说已经构成了您个人的写作传统，这样的传统对您《凉州传》《话说五凉》的写作有什么影响，这是我特别好奇的地方。

徐兆寿： 我现在想可能每一个人都有两个传统。正如耶稣，正如孔子，也类似于很多人一样，先是从故乡成长，然后又一定要脱离故乡。因为他觉得有一个远方在等着他，有一个世界图景在等着他去描绘、去打开、去构建。然后他就拼命地远离故乡，追寻远方，等到很多年之后，遍体鳞伤之后再返回故乡。这也让我想起了约翰·克利斯朵夫，他去背叛他的上帝，否定上帝并追求理性。结果后来他发现，这些东西都不能拯救他。于是他就重新回到他的上帝的身边，这时候就变成了圣·约翰·克利斯朵夫。中国人也一样，我们也有一个从故乡出发到远方的过程，这其实就是我们在寻找一个彼岸世界，或者寻找一个远方，寻找一个天下。结果我们找来找去发现我们精神的原点就在出发的地方，于是就又选择回到故乡。所以你看孔子从故乡出发，在整个世界漫游。然后他就特别想回去，但又没法回去。直到有一个学生终于做了很大的官，请他重新回去，他才在六十九岁的时候回去。也就是说六十九岁回去以后，他的心就定了，并且完成了他生命中最重要的作品。所以实际上从古到今、从中到西我们都摆脱不了这样一种精神的例证。那就是我们从故乡出发到远方后又重新回来，并建立自己的世界观，构建一个自我的世界。这个时候的学问就是对自己行为的阐发了，是完成一个自我的构建。我想可能我们每一个人都在走这个里程，所以《凉州传》《话说五凉》应该就是在这样的生命经验与知识传统中完成的。

谢腾飞： 有个公众媒体人叫许知远说到，九十年代以后，中国思想界最大的问题是精英主义的衰落。我认为您之前的那种学术性思想性都很强烈的写作也呈现出一种精英主义姿态，而从《鸠摩罗什》开始我仿佛看到了您写作姿态的转变，特别是更加面向大众，您怎么看待这样一种转变呢？

徐兆寿： 我们今天所说的精英主义实际上是半吊子，为什么这样说呢？因为我们发现今天大多数的写作是跟大众脱离的。我们吊在空中，不知道往下走。当你的学说不能够脚踩大地的时候，你的学说还是学说吗？我们所谓的精英分子，他就是认为代表的是天道，代表的是天意，他不太愿意跟大众走到一起，这从朦胧诗开始就是这样。一些朦胧诗人认为，我写的这个东西，如果你读不懂，那是你素质不够。这种东西开始的时候是好的。因为他重返文学。或者说就此重返新文学的修辞，重返文学的美学。但是美学被我们放得越来越高的时候，那就和大地脱离了关系。也就是说，当我们越来越高的时候，大地开始否决天空，你一定要否决的话，那大家也可以否决你，这也就是所谓精英主义衰落的原因。为什么我现在要否决所谓的精英主义知识分子，因为他是西方的一个舶来品。萨义德以及葛兰西等学者认为知识分子掌握了真理，所以可以布道。但是我们可以看到，不论是耶稣释迦牟尼还是孔子的大同，布道的时候，一定是面向大众的，特别是耶稣和释迦牟尼，尤其是释迦牟尼，你看那样一种谦卑的姿态，那样一种赤脚走在大地上，自己都要亲自去要饭。在天地之间还有比他更卑微的人吗？应该再没有比他更谦逊的人，他要用自己的生命和鲜血为世人赎罪，为广大的百姓甚至魔鬼去赎罪。可是我们现代以来的知识分子却大多在否定大众，我觉得他们是愚昧的。所以我认为中国真正的知识分子要回到中国，回到中庸。我曾写过一篇文章提出我们要扔了知识分子这个词，回到君子贤人这样一种文化人格之中。因为这种命名不会拒人于千里之外，他也不再是说我要拥有知识会怎么样，而是他有美德，道德才是第一位的。知识是一个中性的词，是理性工具。但是美德一定是一个精神与伦理的指称。《话说五凉》是人家给我的一个说法，这个说法对我来讲也并不适合，可是我需要暂时借用。就是说当我们用这个词的时候，确实有面向大众的层面。我们今天这样一个谈话的方式，是一种新媒体的方式，就是它不再是经书，是一种更广泛、更方便的传播。因为我们时代不一样，经书的时代是甲骨文的时代，是竹简的时代。它一个字就包含了一个意义，里面的世界很大。后来我们有了造纸技术，媒体彻底改变了世界，知识以及思想进入了大众的视野。平民社会开始来临，所以鲁迅和他的弟弟周作人也成了平民文学的领军人物。我们现在是网络时代，网络是真正的开始面向大众。因为每一个人都有一个终端，都有一张报纸，都有一本书。再到今天新媒体中短视频的出现，每个人都在路上，在任何地方都可以去听去看，接收信息，这就是所谓的无所不在无所不包。实际上我们追求的不就是这样吗？知识分子始终想占有那样一个布道者的身份，但实际上当你真正地拥有它的时候，你在其中享受到快乐的时候，你就忘记了知识分子的初心。

王顺天： 我在读《鸠摩罗什》的时候，其实留给我印象最深的是祖母的形象。我发现在老师无数次的诉说与讲述之中，为我们建构起了一个不在小说之中的祖母的形象，而且她一直在场，这种在场性我觉得特别有意思。还有就是老师您接下来如何构建出以凉州为方法去解读整个中华文化及其传统的这样一种写作路径。

徐兆寿： 刚刚我们谈的都是历史或者说观念，但其实我们始终要落实到人身上。落实到人也就是你刚刚说的祖母的形象，以跟我相关并带有情感的亲人这么一种方式出现，这就是一种基于人的伦理的方式，这一下就接触到了日常生活，对日常伦理的构建就开始了。空泛的谈论历史在情感上产生不了那么强烈的一种共鸣，所以这就是我无意之中找到的一种方式。文学的方式，就是人的方式。不管是一种视频的方式还是文学的方式，感觉要亲切，要有细节才能逼近真实。但好的写作应该是文与史的辩证统一。我们古代对小说最高的评价，包括现在对小说最高的评价就是史诗。作家写作的时候，大多数时候他想着自己，他想着自己吃好，别人一定也能吃好。他总是这么自我，甚至说带点自私。但是我们尽量的要抛弃这种方式，进入更为公共的空间去可能更好。但是当我们再越雷池一步，那就不行了，史的部分有时候难以把握，文学如何恰当地把握历史，这个特别难，我在写《鸠摩罗什》的时候就遇到了这样的困境。所以当我写得枯燥的时候会引入我自己的生活以及一些感性的东西，但是你把这些东西写得多了，马上就觉得不行，需要赶紧引入史的部分。所以我现在也是将这样的一种写作方式在《凉州传》《话说五凉》中再一次进行实践。好的写作还是要进入老百姓的视野当中，甚至是进入每一个真正的人的心灵世界。

我想《凉州传》《话说五凉》的写作不仅仅可以给文学界作一点贡献，同时给史学界也提供一些思路，尽管这种文史交融的写作思路还不够坚定，但我愿意就这样冒险，愿意去尝试。很多东西可能有很多人会跟我争议批判，但我愿意倾听，愿意去探讨，愿意去理解发生的争议。我之前讲过，在目前的境况中，有两种东西需要去对抗，一个就是欧洲中心主义观念，这是旧有的世界史带来的。另外一个是中原中心主义观念，这当然也是中华文明在形成过程中产生的文化历史观，但这样就把我们河西走廊给忘了，所以这里头就是必然的会带来反抗，这也就是我刚才所说的冒险。为什么今天我们非要说凉州是一个文化中心，因为想把大家已经遗忘掉的这些东西重新捡起来，中原大地上的传统文化在商业主义的浪潮中受到了严酷的挑战，而凉州则是中国文化重建之路上必须要给予重视的地方，凉州的价值就在于对两种中心主义观念的反抗与颠覆，凉州作为一种方法而存在。

我们河西走廊尽头的敦煌大家都说了不起，连海子也说了，世界文化史上有两座文化高峰，一个是金字塔，另一个就是敦煌。因为这是集体创作，不是个人创作，而且这两个高峰代表的是两种生死观，两种集体的文化构成。金字塔我们暂且不去解释。因为我们做的研究不多，里头的很多东西呢，我们暂时无法说清楚。但是敦煌非常清晰，它就是以佛教为中心的文明结合了汉文化的传统，是三教合一的一个文化空间。实际上它是矗立在西域边界上的这么一个图书馆，一个博物馆。但是它跟中华文明有着辩证式的关系，是其中的一部分。所以今天我们要重新建构出敦煌、凉州以及河西走廊的历史文化图景，你不能把敦煌一下子矗立在那个地方，作为中国传统文化的重要部分，必须把敦煌放在凉州文化、放在河西走廊的视域中去观察，才能重新激活这一西北大地上的精神灯塔。

谢腾飞：我注意到您近两年写过一篇关于中国人的饮食伦理的文章，那其实我们以凉州为方法，也就是想要重新构建一种中华传统文化的伦理。我有一个疑问是，凉州文化如果作为传统文化的一个中心的话，您将以什么样的路径进入呢？或者说我们有什么代表性的东西可以去认知呢？

徐兆寿：凉州和中国其他的地方不一样，它是一个世界性的文明场景。中原文明很显然主要是儒家文明，然后融合了其他的文明，比如百家里面的阴阳家、农家等。齐鲁文化很简单，主要以儒家为主，但是其文化又带有神仙文化的气质，道教的精神在齐鲁大地上广为流传。而江南文化也很清楚，宋朝向南迁移的时候经济中心也发生了迁移，此时的中华文明高度繁荣，物质文明非常发达。近两百年以来呢，西方文化开始大规模地进入中华文明的视野之中，特别是物质文明和科学主义的东西。同时它也塑造了一个什么呢？塑造了一个繁荣富庶的温暖的南方形象。在五行里头，南方就是火嘛，万物到夏天的时候是生长得最好的时候，阳光也是最丰盛的时候。但是凉州提供的不是南方的这种东西，凉州提供的是一个在五行上属于西方或者说西北方的精神指引，它更重的是精神气质。另外也就是我们司马迁所说的，做事在东南，功成在西北。

所以凉州要给我们提供的是在我们历史上特别从司马迁以来的一种观照历史的角度与文化重建的方法。学者季羡林说在今天世界上存在着的文明可分为四大文明，基督教文明、伊斯兰文明、佛教文明和中华文明，而这四种文明相交汇的地方在哪里呢？他认为在以敦煌为中心的广大区域，而事实上我们知道敦煌辐射的主要是佛教文明。我们现在来想，为什么他会这样说呢？因为他是研究印度文化的，特别是对佛教文明感兴趣。他对儒家文明似乎没有多少研究。但是我们一定要想，中华文明肯定是以儒家文明为核心的，佛和道，一定是在两边的。这样来想，就把我们中华文明给扶正了，否则就偏了。那这样来讲的话，以凉州为例，他就是提供了这么一个中华传统文化研究与观察的范式。敦煌就是在西方文明（我们说的这个西方呢，是古时候的西方）、印度文明、波斯文明、甚至说是与罗马文明不断交流的场域之中。在唐代有许多商人在凉州定居，因为这个地方它是河西走廊最富庶的地方，物质和精神文明都非常发达，同时它也是一个世界文明交流的空间。所以这样我们去重新把这个历史挖开的时候，我们进去之后就发现，真是人声鼎沸，到处都是没见过的面孔，都是像腾飞这样有着深眼窝高鼻梁、浓眉毛的人。《凉州传》《话说五凉》这样的写作就是我把历史化的东西给激活了，凉州的历史面貌也与当下的世界图景交融在了一起。

谢腾飞：其实在阅读任何作品的时候，我首先关注的是语言，您早期的作品那么有才华，那么地上天入地令人拍案。但是到了《鸠摩罗什》之后，我觉得越来越平实，越来越显得更加大众化，更贴近大众。我想这种转向对于我一个读者来讲，我觉得这是一种损失。您怎么看这个问题呢？

徐兆寿：我有一个转向，就是文学的转向。为什么我要重新去出版《荒原问道》，实际上我也想回到那样一种修辞，回到那样一种精神的，文学的，甚至是现代性的一种美学书写。但是这也同时不断地提醒我，在中国历史上，这个东西是小的，是小道，还是那个话，就是知识分子仍然是小道，甚至说是有些知识它让你精神出轨，让你精神失常。它不是叫人宁静，自由以及从容自在这些东西在现在的文学中越来越少了。所以就是当我们在追求修辞的时候，我们也可能忘记了身上本身背负的那样一种布道的东西，就是中华文明一直传下来的绝学，就是那种为天地立心、为生民立命、为往圣继绝学、为万世开太平的这样一种精神。而这种精神绝对不在单纯的文学里面，一定是在更广泛的世界里面。所以这也可能是我慢慢地走向更为宽阔更为广泛的层面。这种宏观的文化书写与微观的文学表达现在一直在撕扯着我，让我也经常在想我到底要到哪里去。我可能在两者之间会经常徘徊，但是更多的可能是面向大众。我可能慢慢地会忘掉自己是一个诗人，忘掉自己是一个作家。有可能慢慢地会觉得自己就是一个学者，这可能就是我以后的转型。你的追求会影响你的方式和方法，而且你所想做的事情，你在这个事情里面确定一个对应的身份，它就会影响你。也许让文学家看，这是一个巨大的损失，但我恰恰认为这是巨大的解放，可能这种事就是一种悖论。它是古代和当代的悖论，也是我们今天的文学和这个广泛的教育之间的悖论。古典时代的文化与文学是统一的，但是古代的君子贤人也不能完全同意孔子那样的一些东西，因为古代仍然需要更贴近大众的东西去教化那些东西。一般人也读不懂是吧，它仍然需要去化开。可能我现在更追求"化开"这件事情。《凉州传》《话说五凉》这种写作，这种讲述，包括我们以视频的方式去传播，就是一种尝试化开的方法。

王顺天：无论是在文本的书写还是在这种现场的讲述之中，每每谈到传统文化或文学精神的部分，老师都特别有激情，我好奇的是老师的这些想法，包括这些精力来自于哪里，我就发现老师总是在精力充沛地去做一件事。

徐兆寿： 可能我只是专注于去做一个事情，尽管我也有那么多行政工作要去做，但我只是抓紧时间、提高效率把它处理完，然后我就回到凉州文化的书写上面来，不断地去思考，不断地去挖掘，这样呢就是说你只有一颗单纯的心在面对它。我就在想《中庸》这本书里头，它讲了一个君子，需要一个高的思想层次，打开的是人的立功的大门，打开的是立德的大门，打开的是立言的大门。我说只要心诚，你都能够去做到，至少是能够达到那个目的地的边缘。所以我经常在想我写作为了什么，我跟很多我们周围的学者在聊天的时候产生一种疑问，有人经常说，我又发表什么文章，我要做什么课题，我要做什么什么之类的，我总是会问你做这些有什么价值和意义，对别人有好处吗？有益处吗？对自己当然是有益处的，发了文章可以拿到更多的津贴等。但我认为最重要的是看你的文章对这个社会有没有价值，对他人有没有价值。就像我们今天发表了那么多文章，我们追求的核心期刊、追求那么多的高端刊物，而到头来我们真正为社会做了什么呢？如果说我们构建了那么多的东西，为什么大家都不满意呢？我们投入了那么多精力，多少人都在写文章，可为什么越写越好像反其道而行之，社会越来越让人不信任，越来越多人是让人悲哀，让人感觉知识分子都陷入了困境。我觉得就是我们可能没有一个"诚"字，我们大多数人不是真正地在为天地间的本质做事情。当然我不排斥功利，但是我排斥过分的功利，我不排斥功名，但是我排斥过分的功名。我觉得不能太过分的强调某种东西，应该秉持中庸之道。有了身体，你的精神才能发扬，没有坚实的肉身，你就是一个孤魂野鬼。我比较强调知行合一，身体和精神都应该达到中庸之道。世界是平衡的，人是中庸的，所有的东西都协调一致，那天地才是万物生长，如果一直没有一个平衡，天地不就崩溃了吗，那我们在这谈这些有什么意义和价值。当然或许会有人说我比较理想主义，我也有所反思，或许稍微减少一点理想主义的东西可能就会好一些，凡事都不要走向绝对，生活与写作都需要真正的中庸之道。

从世界回到凉州，再从凉州走向世界

——甘肃文旅电视台对徐兆寿的专访

《西行悟道》的简要介绍

刘芳：徐老师，现在您的这本《西行悟道》已经正式和广大读者见面了，我想请您先简单地给大家介绍一下您这本书。

徐兆寿：这个书为什么叫《西行悟道》，是因为这本书里的文章基本上都是从 2012 年——可能有些还要比它迟，到 2014 年，大多数是 2014 年之后写的一些散文、随笔。那么为什么是 2012 年和 2014 年？在 2012 年的时候，我决定从上海回来，继续回到西北，所以这是一个精神的转向。一旦发生这样的精神转向，那么我的所有的写作好像自然就回到这边来了，这是一个原因。

第二个原因大概是跟 2012 年我写完了《荒原问道》同时要写《鸠摩罗什》有关，这个时候做了一系列的准备，但其实这个时候也是应清华大学出版社的邀请写三部这方面的著作，当时想得宏大，可是没有完成，写了一些敦煌石窟、鸠摩罗什等相关的文章，就开始往西走。

第三个原因就是2014年开始，我把《鸠摩罗什》写得差不多时，第一稿写完了，这个时候，因为回到兰州已经两年，我所有的研究方向都回到西部，所以应该说从这个时候所有的行动，所有的写作，包括学术都是面向西北的。这可能是一个方面，当然还有一些其他方面的原因。

过去几十年我都努力走向东部，走向整个世界，现在变了，变成了从东部走向西部。所以作家出版社的编辑田小爽约我出一本这方面的散文随笔集时，我就专门把这一部分的文章理出来，命名为《西行悟道》。

如何理解和定义西部这个概念？

刘芳： 关于西部这个概念，我们知道它有地理方面的，也有文化方面的，我想听听您是怎样去定义的。

徐兆寿： 西部这个概念，如果说大一点，我们今天对西部的认识，整个中部往西，大概有12个省区，现在大家都这么讲，但是在周、秦、汉这些时代，西部的很多地区是不包括在内的，所以我在写这些文章的时候，也一直说是在理清一个真正的西部到底是什么？

　　比如说我们当代文学在树立一个西部文学的概念，它一定是我们今天中国版图之内的西部，可是你到了周秦汉这几个时代，西部不是我们今天这些地区。没有西部概念。怎么讲这个事情呢？再往前又怎么说？所以，我在梳理凉州的过程中发现，汉之前凉州的历史，也就是先秦时的凉州历史是没有的，秦也没有，那就意味着巨大的疑问。难道在这一段时间之内这个地方没人生活？

　　所以在这个时候我又重新梳理大禹的天下九州版图，因此，从历史的角度来讲，一直从大禹开封九州到今天，这个九州是个变动不居的概念。但是相比来讲，我觉得在绝大多数历史的过程中，它还是基本上确定的。那么如果从古老的法度——我认为可以是圣人的心法，也就是大禹分九州的方法——为什么分九州？怎么分的，按什么来分？过去古人分九州，都是按照天地的方位各个方向来进行的。

　　我们今天不太相信这些古老的东西了，所以我就说古人是有心法的，我们现在基本没有了。这个心法当然是按天地的规律来效法的，非谁随意制造的，但一般人是不懂的，只有圣人能懂。按古人的心法来讲，西部指的是雍州和梁州，梁州不是我们的古凉州，栋梁的梁。梁州，后变成益州，也就是今天的四川西南这些地方。所以如果从上古来讲就是雍、梁二州，如果从今天来讲，当然就指的是西部这些省和自治区这么多，但是其实从今天来讲，回头看大禹那个时候的天下版图，西部是完整的。所以我们今天如何重新去梳理一个历史中变动不居的西部，这个很重要。

　　为什么？因为在整个人类的历史中间它是分为两部分，我们今天说我们是在面临一个农业、农耕文明向工业文明、城市文明、信息文明转变的时代，但是过去长时间它只有两种文明，在公元1500年之前，甚至说在鸦片战争，或者说在五四之前，整个中国文明是陆地文明。表面看，陆地文明时代是个封闭的时代，只能在陆地上展开，但其实在公元1500年之前，陆地文明它是畅通的，高山、雪峰阻挡不了人们交往的步伐。这就是丝绸之路畅通的原因。可是从公元1500年之后，大致的数字，不是明确数字，从那以后海洋开始被发现，造船技术得到提升，然后整个世界的文明就随着海洋又展开了。海洋文明在今天算起来，也有五百年了。

　　其实过去很长一段时间，西方国家都是在崛起的过程中间，可是我们都认为在那个时候突然就崛起了，一直很富有，一直很先进，一直很文明，且长时期领先于世界，事实并非这样。

　　那么为了梳理清楚这样一些世界的纷乱痕迹、历史的痕迹，我们要干什么？梳理我们整个西部的历史。那么，人们要问，梳理西部的历史要干什么？为我自己所在的故乡理清一个道路，当然也包括我自己，那么同样我们不可能单独地处于一个封闭的空间，我们整个中国的文化又怎么去面对今天世界的纷纷扰扰？你必须寻找自信，必须寻找自己的源头，必须重新构建一个以你为中心的世界版图。

　　这个话听起来比较大，甚至虚妄，但是其实所有的哲学家，就是我认为那些拥有思想的哲学家，那些拥有独立创造的艺术家，他定然是这样，他拥有稳固的或者说拥有一种至少在他看来是一个相对完整的世界。他自我构建了一个世界，以他为中心，然后一切的伦理道德才由此建立，一切的律法也得以产生，唯此，世界才是稳固的。我也想做这么一个事，在文学上来讲，这是自古以来的传统。比如孔子的《春秋》就是以其故乡鲁国来建立自己的一切观念的。

其实，当然我想从文化上来树立的时候，这已经不是以我为中心，应该说以整个中华文明为中心。因为我本身就是这种文明延续至今的一个结果，再往大一些说，我们能否找到一个以古丝绸之路为主的整个世界发展的一个痕迹，这是我想做的一件事情。

何谓西行？何谓悟道？

刘芳：还有一个问题就是关于您的书的标题，因为叫《西行悟道》，所以我想问一下，西行是一个实践的概念，是一个过程，无论是您读的书也好，还有您脚下的路也好，它的出发点和落脚点又是什么？

徐兆寿：我在书的自序里，写了为什么是西行，起点在哪里。不是在兰州，更不是在凉州。起点是在上海，是在北京。因为我当时到上海去，不断地有人会问你西部是什么？兰州有没有电？整个西北到底有多落后，你必须回答。为什么西北会这样？人们对西北的认识几乎是非常模糊的，甚至说是错误的。那么南来北往的人来以后，你必须给他重新去讲西北，讲丝绸之路，所以要回答这个问题，在回答的过程中间，自然而然你就往西走了，这是一个。

第二个就是说为什么叫悟道。我在上海写的第一部小说，叫《荒原问道》，问道，问什么道？问的是二十世纪的知识分子如何在中西文化中间去寻找中国文化的道路，寻找中国知识分子的一个自洽的处理方式。

到了《鸠摩罗什》的时候，应该说是第二次问道。一个西来的和尚，僧人，他来到中国，他的佛教怎么样落地中国？同样，中国的知识分子如何向佛教学习，佛教如何中国化，它也是一次问道，其实也是一次悟道。之所以说是西行悟道，是因为在西行的过程中间，一次又一次体悟了丝绸之路上的佛教、道教、儒家文化——包括我们今天周遭这么多的西方文化和整个世界文化之间的融合，在这么多的文化中间怎么样去悟道。古今中外，在这么一个十字路口，我们当代的知识分子怎么样去处理今天的问题，这叫悟道。

我的终极关怀

刘芳： 因为您说到悟道，咱们就感觉应该是牵扯到一种人文关怀，自然就牵扯到终极关怀，那么，您的终极关怀到底是什么？

徐兆寿： 道法自然。过去这个说法非常模糊，道法自然，自然是什么？非常模糊，但现在慢慢的就越来越清楚。就是说我们这一代知识分子从上大学开始刚好是上个世纪八十年代，接受西方文化特别的多，科学和理性的东西，甚至生活方式，样样都有，但是它解决不了我们的终极关怀的问题，为什么？是因为它给我们的这些东西，科学太硬，太物质化，你总觉得它虽然是对的，但是它还有一半的东西没讲，它不是真正的道。

另外一部分叫哲学，也可以叫理性。哲学在我们这一代人时就真正成了一个人的思维活动，大家各执一词，各行其是，没有什么能得到信任。为什么？因为一切都是虚构的，我自己完全也可以构建一套我自己的东西。但我自己能完全相信吗？不相信。一个稳固的令人信任的系统没有了。所以我就在这个过程中又重新回到中国的儒释道，我发现它能令我们在西方哲学和理性中变得焦虑狂躁的心平静下来。这令人欣喜。但这样当然也不行，因为我感觉到它依然是一种个人性的思维活动，我还是要寻找那些不以我们的意志为转移的东西，最后发现中国人有个天道。

天道，就是天生的道理。比如说日月到今天它没有变，从伏羲开始，我们说画八卦的时代，不久前去世的道教协会会长任法融道长说伏羲画八卦是在七千五百年前，科学家说至少2.5亿年太阳系和银河系大概都是这个样子的。天体未变，太阳和月亮就挂在天上，它到今天和地球的关系没有变，在地理学上叫日地关系。太阳系中五星与地球的关系也没有变。整个银河系和宇宙中二十八星宿与地球的关系也没有变。天上的这些星空以及星云、大气共同变成了我们的天体，也就是天。地球则被简称为大地。

天地的关系至今未变。

即使要变，那一天就是地球和整个太空的关系发生分崩离析的时候。我相信如果按照今天的科学来讲，至少在 2.5 亿年之后，2.5 亿年对我们就是永恒。在 2.5 亿年之前，太阳系和银河系发生了一次巨大的转变，然后从此以后这个关系再没有变，我们一直在这样一个关系中间生存。马克思说，人是一切社会关系的总和，但没包括星空与大地。这是西方哲学的巨大遗憾。但马克思的学说到中国来，中国学者把这个给弥补了，就发展了马克思的学说。现在人们正在这样做。这种巨大的宇宙关系，会让我们意识到，人类就是太阳系中间的星球上的一个微小的生命。我们一定要知道这么一个关系，才会谦逊，但是恰好就是这么一个微小的生命，能够体会我们和星空的关系，能够体会我们地球和整个星空的关系，这又是我们的了不起。

在这个基础上来重新定义我们人类的一切伦理道德和法律体系以及制度设计，我们就有了标准，这个标准不是人为的，而是天地给我们定的。这就叫道法自然。

我相信我今天把这事情简明扼要地说清楚了，所以古人说"天不变，道亦不变"。因为这样一个天地关系没变，所以道是不能变的。可是我们为什么变了？是因为我们贫穷了，是因为我们被人打了，我们就开始觉得我们不如人家，我们要学习人家。学习的过程中间，我们一点一点放弃了这种关系，觉得人家的东西好，人家尼采可以宣布上帝死了，我们为什么不能宣布天地也死了？

　　所以我们顺着这样一个思路，我们一点一点抛弃我们的所有的东西，最后发现我们确实富有了，但是我们真正地贫穷了。终极关怀没有了，你必须重新寻找这个终极关怀、终极价值。这就是我寻找到的终极价值，即天人关系。过去我不敢说有，但现在我明确地说，这个东西我找到了，它就叫道法自然。找到天道，天道就存在于古人的一切古老的典籍中间，你要找，它是能找到的，这就是终极关怀。

《寻找昆仑》是如何谋篇布局的

　　刘芳： 您刚才也是提到了寻找这个关键词，因为在我阅读的时候，我觉得寻找昆仑应该是您这本书当中的重头戏，所以我也想问一下您在写作的时候，谋篇布局方面有什么样的考虑？

　　徐兆寿： 就像今天西川讲的，当我们遇到真问题，当一个作家真正地倾注于思想，倾注于对真理的表述的时候，他其实很多时候忘记了形式。我不敢说我是真正面对真理或者在表达真理，但是我想我一定是在一个思想的层面上处理这些问题。

　　所以其实在很多时候，只是过去好多年的写作中间积累的经验而已。因为看的多，写得也多了，写作就成了习惯，不必多考虑，顺手提溜来什么东西就写，并没有考虑太多的这种形式上的问题。今天西川也讲这个，当我们遇到社会、时代与人生的真问题的时候，写作就会不一样，会变。大体来讲，写作者分两类，一种是注重文本形式的修辞，我们暂且可称其为才华，看着很华丽，看过后可能会有诗意、忧伤感，也可能什么也得不到；一种是我们要表达道德的、真理的、思想的东西，它令你痛苦、思索，在你心上深深地切下去，这是写作的重点。我现在可能属于后一种。他说一个叫轻，一个叫重，我现在属于重的这一种。轻的这一种，过去也有，比如我过去写过两本书，《生于1980》和《幻爱》，这两本书属于轻的，写的较为诗意、轻松、忧伤，但其他的书都属于重的，就是很沉重，思考的问题比较重。所以我处理的是内在的冲突，至于文本修辞怎么表达得诗意、完美、奇妙、调皮，甚至说幽默，我不太在意。

以凉州为中心，来构建一个新的世界

刘芳：大家阅读的时候，看到您有一个大的篇幅写到了您的家乡，武威凉州，您写到了您的祖母，还有您的五姥姥等一些您的长辈们，我也想问一个问题，您觉得凉州文化还有西部文化以及中国文化之间的关系是什么？

徐兆寿：在我讲凉州的历史时，这个问题也基本梳理清楚了。

凉州早期是一个游牧文明聚居地，但是在早期它同样属于中国（那时叫天下），名为雍州。但人们后来不认识这个地方了，不承认它曾经是九州的一部分。这样的话，九州就缺了雍州。同样，其实也缺了梁州。三星堆的问题正是来自这样一种隔膜。

如果说我们今天抛弃那些来自所谓科学的偏见，抛弃我们今天认为《周易》等这些是迷信的观念，我们把它权且当作一个中国人的古老的科学体系的话，就会发现它是地理知识，是关于时空的科学，你会发现凉州（早期即河西走廊）与西域处于中国易经八卦中的乾位，它非常重要，因为它是中国古人讲的君位。当我们不处理河西走廊、不处理西北地理的时候，君位就丧失了。这是作为一个中国文化的研究者和守护者不能忽视的一个问题。

第二个要寻找雍州和凉州的这样一个关系，后来慢慢就找到了，更进一步确定它确实是中国地理方位八个方向中间的八象（其实早期是八向）里边的西北方的乾位。这很重要，然后再读《史记》《后汉书》《资治通鉴》等各个时期的历史，就会发现这个方位有他自身的性格。

其实我今天写这些东西，就是想给这个地方的人确定一种性格，不要让他丧失这种性格。赚钱是人的生存之道，但是更应该守护的是中国的道义。道义，是中国最重要的精神和道德品格。这就是我给凉州的定义。

再从整个历史上来看，司马迁、班固等等这些人，他们在不断地强调这个东西，我也能进一步从史学家的角度确立其特性。

当然最后就是要从整个历史的角度来讲，再梳理它的历史，你会发现凉州文化从游牧文明慢慢转变成游牧和农耕并存的文明，后来再变成农耕文明的一块栖居地。但是今天它也正在丧失，开始向城市文明、向工业文明靠拢，你就会发现从它开始，再回头看整个中国的农耕文明消失得差不多了，但它还留着一点。

所以我在读博士的时候，到东南沿海去考察过，那个地方的文明基本上是小镇文明。小镇文明是不是农耕文明是值得怀疑的，因为那里的人不再在田头耕读。它已经是半城市化，它跟我们西北这样靠村庄来分布在大地上进行劳作和读书的古老习惯是不一样的。

所以现在我们会发现有两个名词叫小镇生活、小镇青年。我也在想，我是从乡村长大的，那个村庄给了我们什么？慢慢地梳理清楚凉州是在今天的中华文明大地上依然保存着浓郁的农耕文明特性的一个地方。但是这个东西也在慢慢丧失，很快就将没有了。

所以出于这样一种非常焦虑的心情，我就急于想呼吁，急于想把它写下来。

我再说一点，以此能够确立一个什么东西？那就是说你可以以凉州为中心来重新去考察中国，甚至考察整个世界。你也可以凉州为中心，来构建一个新的世界观，以它来重新去判断整个中国的发展，判断整个世界的发展处于一种什么样的位置。过去我们没有过这种视角，我们总是以某一个其他的中心来判断，但是一个作家一定是以故乡为中心，所以我们会看到很多的作家都有故乡，最后他们都在构建自己的故乡。

中国传统文化的创造性转化

刘芳： 还有一个问题。在您的这本书当中，我发现有很多关于《周易》等这种中国传统文化的内容，您也经常跟我们谈到传统文化的创造性转化这样的问题，所以我也想问一下，您觉得在接下来您的写作也好，或者学术研究方面也好，您还想做点什么呢？

徐兆寿：沿着刚才说的这些概念，科学化。为什么说要科学化？这个可能很多人会反对，我看到很多中国的学人对科学一词充满了反感，但他们没有认真研究过，中国人是最讲科学伦理的。现代以降，科学这个词从西方被引进，所以被认为是西方人的东西，现在几乎左右了我们所有的思想，我们讲什么都讲科学。即使那些反对科学这个概念的人，其实他们的骨子里还是以科学为标准，只不过他们比这个科学概念多了一份自己的感性认知。比如说考古，它是科学，我们信它吗？信，但是我们一定也不完全信它，为什么？因为它只说出了事物的碎片的东西，科学也一样，你说我们发明了电，电能说明这个世界的本质吗？我们发明了大屏幕，我们会看到很多的影像，它能够完全说明这个世界吗？它本身是说明不了的，那谁能说明它？这些所有的东西加起来，看得见的，看不见的，说得清的，说不清的，这才是全部。

那么物质的东西能不能说清楚？刚才我说了，所有这些看得见摸得着的东西都是科学能解释的，它能进实验室，能无数次验证。科学的东西大多是物质的，物质属阳，所以老子说万物负阴而抱阳，阳是显性的，我们能看得见的。还有负阴？阴就是看不见的那些东西，结合起来才是万物的全部。科学家说，我们能说得清的世界只占这世界的 5%，说不清的要占 95%。

比如说今天我们在座的各位，这十几个人只占据了这个房子空间很小的一部分，大多数空间并没占满，这就叫世界。我们都是一个个物质，包括我们脚底下的这些地板，这些都是物质，但是它是整个世界吗？不是，它加上整个空间才叫世界，这就叫万物负阴而抱阳。假如我们把这个空间都占满，就要塞进来几百上千个人，也不见得把所有的空间占满，但我们知道，那样的话，我们立刻就会窒息而亡。没有虚空，我们是无法活着的。所以，德谟克利特在探索完古希腊所有的科学、哲学后，到印度来学习星象学。他可能是看到了满天的星斗，当然也看到了星斗之间巨大的黑夜，所以他回到希腊发表了一篇著名的文章，他说，这世界是由原子构成的。人们记住了这句话，并在他这句话的基础上构建了世界观和方法论，但是人们忘记了他的另一句话，他说，原子与原子之间存在着巨大的虚空。瞧！他说的不就是老子的"万物负阴而抱阳"的意思吗？东西方哲学的认识其实是一致的。现在我们只承认眼睛看得见的实在的物质，但那虚空也是我们能看得见的，为什么不能承认呢？这是科学这个概念带给我们的狭隘。它与我们古老的中国文化是冲突的，所以，中国传统文化可以反过来补充它的不足，当然，中国传统文化的其他方面则需要科学的印证。

所以说科学是我们认识世界的一部分，我们能说清楚的那部分，还有很多说不清楚的，我们还需要慢慢去说，这些东西我们要留着，留给未来。我现在所做的事情就是把过去被认为迷信的那一部分重新让科学来说清楚，说成我们现在能看见的东西。有些东西就能重见光芒，有些东西就得抛弃。天地人的关系，能不能重新去说，告诉人们2.5亿年前到今天的世界并没有多大变化。

你瞧，太阳系九大行星，尽管有一个冥王星变成了矮行星，其他的八大行星并没有变。在八大行星中影响我们最多的就是金木水火土五星。你看这不就是科学吗？我们的五行就是从这个基础上得来的。道理很简单，可是人们不相信。就是说人们对科学也是选择性地相信，这也很有意思，当然也很荒谬。

今天我们大谈要复兴我们的传统，是吧？复兴什么？复兴仁义礼智信？仁义礼智信的基点在哪里？有什么道理吗？人们不知道。它的根据在哪里？你得找找。也就是我们今天要做一个事情，我们总得有个理由。得把这个理由找着，这就从天地中间找，星空中间找，这就是我做的事情。所以我想不论我的小说创作，还是散文研究，都是沿着这个方向进一步为我自己，也为我们中国人寻找非常坚实的学术道路。这就是重究天人之道。

转换视角，理解古往

刘芳：最后我还想问一下，关于您的这本书，您希望热爱传统文化的读者或者是年轻的读者，从中能够学到些什么？他们平时应该去积累这方面的什么样的知识？

徐兆寿：其实我觉得知识是一个方面，可能最重要的是转换一个视角。我经常举例子来说这些事。那天我也给你们举了一个例子，我买了个地球仪，这个地球仪打开一看，明明看见的是中华人民共和国，可是它上面的星空不是你看见的星空，他是欧洲人给你的星空，叫处女座或其他的什么星座，我们的北斗七星是找不着的。我们一直说科学是没有国界的，你会发现天文学其实它是有国界的，因为你所处的地理环境不一样，你的坐标发生了变化，你看到的星空就是不一样。我们经常会有一种大而化之的所谓的真理，其实是可疑的。所以在这里我们就可以看到欧美中心主义思想不仅仅在主导我们的人文社科，也是主导我们的自然科学领域。我们没有了自己的坐标，没有了自己的星空。这就是我从一个地球仪上发现的问题。所以我觉得我们现在首先是对所有过往的知识要抱着怀疑的态度，重新去探究。

第二个方面，一定是就自己的真实的感觉出发，从真实的情感出发去衡量这些东西，我觉得这是一种情怀。然后以此出发，逐渐去认识普遍性的真理，抛弃偏见。

第三个方面，是转变视角。我们过去都是长时期地学习别人，那么到底我们古代的东西有没有价值和意义？我倡导大家重新去寻找古代的东西，重新理解古代。这是我觉得是未来几代人要做的事情。

如果不能理解古往，我们就只能抛弃。我们为什么要将一个残羹剩饭吃下去呢？是不是这个道理？没必要。但是问题在于，当我们理解了古往，发现我们古人有一个非常恒定的、宏大的世界观的时候，再把西方的这些东西一个个重新与它融合，把物质领域的虚浮取掉，使"阳"显露出来。要理解那"阴"，那看不见的或者难以认识的部分，你就会发现我们今天用的材料可能是西方人给我们的，但是世界和方法论依然是我们的。

比如修房子。我们今天用的很多新材料全都是用西方引进的科学做的，我们总不能不用这些材料，继续全用木头或者土块，这不可能。但是有了材料，怎么修房子就是一个问题。如果你弄清楚了中国人过去修房子的理念后就不一样了。你会觉得现在我们住的房子只是房子，是物质，可是中国人古代的房子那样修不仅是物质的东西，还寄予了丰富的意义。

现在我们去考察过去的老院子，都有一个传统的理念。门从哪里开，厕所在哪里建，主房在哪里，修多大，都有制度，它是礼教的一部分，同时也是依照上古时期圣人们留下来的《河图》《洛书》等心法制定的，而圣人们的这套心法又是对天地的研究得出的。这才是天人合一。要说清楚这些，要研究的东西实在是太多了。

为凉州立像

——读徐永盛《凉州光影》有感

1

在整个人类的文字中，只有汉字还拥有它最初的形象。这是德里达无限感慨的文字，音、形、义皆全。就像我们中国人一样，一个人总是有其名字，有其形，且有其独立呈现的精神风貌。它不仅仅是人的样子，也是天地宇宙的样子。古人把三才思想赋予在中国人的名字中间，天格、地格分别代表了天地，三个字中只有一个字是属于自己的，但往往也被赋予了某种精神道德意义。每个人的名字对他的一生都在起着潜移默化的影响，甚至姓名中就藏着人生的密码。

再大一点，一个家也是一样，方方正正，有阴有阳。再大一点，一个城也一样，四方四正，有实有虚。再大一点，整个中国也一样，是九宫格，是八卦图，是《河图》《洛书》中的形象。从古至今，它未曾变过。长城不过是这种思维的一种痕迹而已。世人只知批评秦始皇，却不知秦始皇也只是按照汉字的模样做梦罢了。这就是中国文化。其他地区的文字只剩下了音和义，但形早已丧失了。这大概也是中国文化经历数千年而未灭的原因吧。

总之，这个形便是我们中国人自己所确立的。一个人有其自己的形象。儒家把君子的形象树立在每个人的心中，于是，中国人便有了像。孔子就这样成为至圣先师，是我们效仿的导师。后来，道家立教、佛教也进入中国，老子、释迦佛的形象也被树立起来。从汉代起，到处都是文庙，孔子的形象被雕凿成我们希望的那样，海纳百川，刚柔相济，中庸和合，人们围着他读书、悟道。从魏晋起，从新疆的克孜尔开始，一路向东，在敦煌、在张掖、在武威、在兰州、在天水、在平凉、在洛阳龙门、在山西大同甚至川滇大道旁，树立了无数大佛，护佑着天下苍生。连皇帝也不敢把自己的形象树立起来，最多也只是供养人的形象。整个中国古代的灿烂文明就是靠这个形象在运化。

当一个卑微的农民在山野间行走，产生恐惧之心时，他只要远远望一望山崖上的大佛时，心就安定了。他相信天地间有一种伟大的力量在匡扶善，惩罚恶，所以他也便一心向善了。

当一个读书人迷恋于声色犬马、醉心于功名利禄之时，只要他腾半天时间走进文庙，他就立刻产生羞耻，就立时顿悟，因为至圣先师在那里正行无言之教，正以《春秋》正其邪妄之心。

所以，从《尚书》到《春秋》，再到《史记》《汉书》《资治通鉴》，直到《三国演义》，文人皆为天地立心，如椽之笔皆为天地利剑，降妖伏魔，正人心魄，使得汉字始终承传圣人精神。

　　然而，现代以降，西学以入，孔子、老子、释迦之像皆被推倒，汉字简化，甚至一度要被废弃，原有的形象被破坏了。不说过去，单说我所经历的这几十年，儒释道三教之主被驱之荒野。于是，我们会看到，墙壁上一度是明星照片，而更多的时候，四壁空空，什么也没有，但我们竟然不自知。会议室里、大学教室里，要么是空如荒野，要么就是几个外国哲人的名言。这几年，书画兴作，偶尔我们会看到一些有心人会把经典抄写成汉字后悬挂于四壁，也会有江山万里图展开在政府大厅。

　　但文学再也不面向为天地立心、为生民立命的事业了。文学被一股力量引向暗处，像祥林嫂一样一直在哭喊，像等待戈多的流浪汉们一直在荒野上游荡，像局外人默尔索一样不再记得母亲的亡日，像变形人格里高尔一样被生活异化。

　　汉字在哭泣，在流浪，在大声地嘶喊：我要回家……

2

　　但文学一时无法带领汉字回家。它迷途太远了。它没有星象的指引。它失明于旷野。

　　能带领汉字回家的是影像，对，是汉字自己真实的形象。它叫纪录片。它不叫电影，也不叫电视剧。它们与文学一样，都属于迷途难返者。

　　只有纪录片才拥有人类最初的激情、梦想和方法。它把汉字原有一部分精神主动承载了下来。它不再用单纯的汉字，而是用镜头，用人内心的形象，用眼睛去直视那已经被我们这些不孝子忘却的历史。在那些荒漠般的历史下面，埋藏着真正的古中国，埋藏着佛头、"四书""五经"。

黄沙下，埋藏着无数个敦煌莫高窟。

百年来，当文学专注于形而下的生活经验时，形而上的神之思便少了，历史也便断流了。但纪录片迎风起舞了。它开始以视觉的方式重新讲述中国，重新叙述历史，并且发现历史。

传统竟不是以文字，而是以镜头——也就是形象重新展开它幽深、丰富、灿烂而又悠远的面目，诉说着被压抑和绝于路途中的行程。

纪录片直观，有形象，有当下的存在场景，令人有身临其境之感。而且它把枯燥的历史大众化、当代化、艺术化了。如果有一部二十五史放在孩子面前，同时你又给他一部二十五史的纪录片，他喜欢哪个？结果是不言自明的。纪录片是当代人最能接受的传播方式，古汉语的书籍是古代人的传播方式。除非这个孩子长大后还愿意去了解古代的历史真相，他会重新去打开那些书箱的。从这个意义上讲，纪录片在今天承载着重新讲述历史的大任。

这便是纪录片在今天的意义之一。当然，我也深信，总有一天，他们也许会相聚于星空之下。

3

在凉州，有一个纪录片人，是个文士，名叫徐永盛。之所以说文士，不说文人，是因为他不再是一般意义上的作家。他是作家中的纪录片人。

第一次有人给我介绍他时，我已到传媒学院做院长，影视、纪录片等这些都是我关注和研究的内容，他则已是名噪一时的纪录片导演，徐总监。我们算是同行了，其实，我自知还是外行。

记得第一次到我家，是在一个中午，那时他已微醉。他以凉州方言打开我的家门，然后又以凉州人特有的豪放甚至是狂放坐落在我家的沙发上，他那高亢的声音和激情灌满了我家，只听得钢琴、吉他都在微微共振。两只小猫在角落里观察着他。我喜欢这样的乡音乡情。

后来，我们的接触很多。但一到武威，他又以兄弟特有的礼仪待我，温柔如君子。我经常在想，也许只有在创作时、在走出凉州时、在微醉时分，他的真性情才能发挥得淋漓尽致。然而，凉州的山川大地和厚重的文脉在平衡着他，使他节制而有力。他以小平头的方式日夜劳作、迎来送往、家长里短，显示出他充沛的精力；他以匀称、厚重、结实的身体面对天地与生活，与众生对话，显示了他宽广、包容而又刚正不屈的精神品质；他永远五官明亮，是凉州人的正大气象；他微笑中又略带忧愁，正是才子情长；他微信中永远以弘扬凉州精神为己任，从不张扬，从不乖戾，是凉州的孝子。

我从未表扬过他，但此时笔触之间，竟然能如此不吝笔墨赞扬一个人，我想，这既是对他的赞扬，也可能有我对凉州故乡的偏情吧。

大概他也可以作为凉州的一个形象而树立在众多的形象中，让人触目，让人怀想。

4

永盛的《凉州光影》是在我写作《传统四书》时抽空读完的。这段时间，我夜以继日地在写作，不想被任何事打扰，抓紧写作《传统四书》，弘扬传统，并且创新传统，让中国古人与今人的血脉统一起来，我觉得这是我此生能够拿得出来的最好的作品。中间还拒绝了一些文债。但是，永盛的命令是不能违抗的。他把电子版发给我，我在写累了的时候便躺在床上和沙发上看他的纪录片文稿。有那么一天，我竟然从早到晚都在阅读他的文稿。这在我的写作中是少有的事。我决定停下写作，先完成他的任务。

原因很简单，我看到了不同于以往的一个凉州，看到了我所不明晰和没想明白的凉州。以往我们把笔触多集中于五凉时期、盛唐时代和当下百年。一批弘扬凉州文化的作家、学者，从二十世纪八十年代开始至今，活跃在凉州、陇原甚至更广大的学术舞台上，他们把人生的精力都投注到雷台、铜奔马、文庙、天梯山石窟、白塔寺、汉魏墓、西夏碑、唐代边塞诗以及凉州的历史文化中。另一方面，从二十世纪以来，凉州出了一大批作家，他们用生命之笔记录着凉州人的百年生活。可谓星光灿烂，光射斗牛。

他们中，有些人已经过世了，有些人还健在，还在鞠躬尽瘁，著书立说。说真的，我是非常佩服那些学者。我们大学教授们，按说都是做这一工作的，但有几人能像他们那样真诚地研究、写作？我们应当记住他们。

把他们都合起来看，便是广大的凉州，是有古有今的凉州，是真的凉州，是有性情的凉州。当然，这仍然只是凉州的一个层面，是能用文字表达的大致轮廓。还有更为幽深、伟大的精神等着我们去开掘，也有更为细腻、无常的生活需要记录。这都是我们文人们的使命。

在这些名字之外，我们应当记住一个人，他便是徐永盛。他是跨界者。

5

关于凉州，它既是我的故乡，也是我的精神家园。但这显然是说小了，太个人化了。它还是今天中国正在逐渐升起的山峰。西北的崛起现在是以河西走廊为长臂，而这条长臂在过去很长一段时间，名曰凉州。

它东起永登，衣带兰州，西至敦煌，脚踏吐鲁番盆地。北至沙漠，实则为中国人的天极，目力所至，皆为虚海，乃庄子笔下苍茫的北冥。南至青海湖，可以饮马放歌，可以祭祀诸神。整个祁连山脉是它隆起的脊梁。

有龙从昆仑出，腾挪飞跃之处，有祁连，有秦岭。神话从昆仑出，元气从昆仑发。昆仑为根，昆仑山上有最早的祭祀烟火。伏羲、西王母皆从此出，一路仰观天象，一路俯视大地。故而有

《易》，有五行，有天干地支，大道出焉。

祁连山上，埋藏着中国人最早的神话之路，隐藏着最早的迁徙脚印和不断迁徙的祭祀神坛。然后便是祭祀指引的玉石之路。最后才是丝绸铺就的张骞之路。现代西方人看不到那时我们先祖们的战争，只看见金钱铺就的黄金大道，美其名曰丝绸之路。

历史就是从那时明亮的，所以凉州以及接下来亮起来的三盏明灯——张掖、酒泉、敦煌——写下了自武帝以来的光荣历史。河西四郡，自古一体，设郡治道，多以凉州为中心，犹以儒家教化为盛，故曰河西从文化上亦可名曰大凉州文化。凉州成为中国是否安好一统的明灯。

如果从《易》的角度看，整个河西，即大凉州，在中国地理版图的乾位。乾为凉，为一阳。所以整个河西人的性情为至阳，凉州尤盛。唐朝之所以产生正气浩荡的边塞诗，便是这种至阳气象的化成。司马迁说，作事在东南，功成在西北。这一方面是地理气象，即东为震，为木，为春天，为万木出生的地方，是为作；南为离，为火，为夏天，为万木成长的地方，是为事；而西为兑，为金，为秋天，是万木收成的地方，是为功；北为坎，为水，为冬天，冬为藏，秋天的麦子终于到了谷仓里，是为收成。另一方面，司马迁又说，大禹兴于羌，商汤起于亳，周以丰镐伐殷，秦帝兴于雍州，汉帝兴自蜀汉。都是西方和西北方。

所以，武帝以来凉州及河西的历史是我们知道的，但是武帝之前的历史则茫然于烟云。史学家总是要以考古和其他一些资料为依据来说明，没有依据他们是不能发言的。这是我们要理解的地方，但是，文学家呢？则总是可以根据一些历史的脉络去猜想，为史学插上飞翔的翅膀。所以，我不是史学家，我只是一个作家，便总是以文学家的方式去理解凉州。比如，人们都说武帝之前的河西是西戎和西羌人生活的地盘，但为何昆仑之丘不停地从祁连山脉往新疆迁徙？有学者说，大禹曾在河西活动，但到底在哪里活动？还有的学者说，伏羲氏以及燧人氏曾在祁连山上以观天象，因为那时，河西之地还不是戈壁沙漠，而是海洋和沼泽。这些说法哪个真实？哪个虚假？史学家在这些事情上是不发言的，当然也会有大胆的史学家说，这都是无稽之谈，子虚乌有。所以，能说得清的便是齐家文化和四坝文化的一些烟火。

不管怎么说，人们在努力猜想、证明和恢复武帝之前凉州与河西走廊的形象。我也曾写过一篇拙文，通过对昆仑之丘和西王母的追索来认识凉州。今天来看，也是疑云重重。

呜呼！漫漫草场，浩浩烟云，那时都是游牧民族你来我往的影子。谁又能住得更长久呢？反过来讲，只要是游牧民族，他们就不会像农耕民族那样留下太多的墓葬供我们去挖。我们可曾想过，辽阔的蒙古草原上有多少墓葬可供我们知道史前人类的故事呢？文明的形态不一样，处理死亡的方式就不一样，我们又怎么能以农耕文明和海洋文明的死亡形式和城市方式去理解那时游牧人的精神。

这不仅是我的疑惑，恐怕也是很多研究凉州、新疆、内蒙草原历史的学者们的疑云。

6

永盛一直也在思考这些深沉的问题，但他呈现的方式是纪录片。他曾有很多散文记录了他的日常所思所想所闻所见，属于对当下生活和人文思考的记录。可是，他的纪录片则像鲲鹏一样扶摇云上，去观看武帝之前的凉州烟云。

玉石之路，是近些年来历史学家、考古学家和人类学家很感兴趣的事情。一块墓里的美玉，像是一把历史的钥匙，打开了历史的大门，人们不断地穿越到史前河西走廊和新疆的烟尘里，去探索人类的巫术时代。只要是接引了那里的气息，便很难不被它魂牵梦绕。叶舒宪先生便是这样一位学者，他长年累月地游悠于西域，试图打开历史的天门。他的身后，一群学者和作家接踵而至。永盛也一头扎进先人们的帐篷，用摄像机记录着他们的沉思、欣喜乃至狂想。他用这样的方式弥补了凉州缺失的历史。

然后，他又抬头望见西南方祁连山上的白雪。可惜，雪线在不断地上升，他脚下的土地已越来越干涩。所以他又溯流而上，去寻问母亲河的来龙去脉，去探察几千年来凉州水草丰茂的盛景。但越是探望这些历史，便越是质疑今天。忧从中来。

五行中，水和土是克相，土克水，水流到哪里，只要有土，就能挡住它的蔓延。但，它们又是一对需要平衡的夫妻，因为一旦水多了，大地便被淹没。可是，河西走廊有无尽的沙漠，它们都想变成土，需要的便是水。这就是河西之渴。祁连山上的雪水，便是解这渴的法宝，犹如观世音菩萨的琼浆玉液。于是，只要是雪水沿着石羊河岸行走，它到哪里，哪里便生出绿色的生命。可是，人们不知道，这水是有限的，一旦破坏了水与土的平衡点，水就会失去。失去了水的土地就会变成沙漠。这就是河西走廊几千年来的悖论。楼兰王国消失于历史的秘密其实就是自然的秘密。

现在，人们终于知道了其中的秘密，便开始治理石羊河水。于是，永盛又以极大的热情把笔触投入当下人们如何治理石羊河，如何重新恢复水与土的平衡关系，建立天人合一的理想世界。也许几千年之后，当人们重新来研究中国西北历史地理的时候，会有人记得有徐永盛这样一位纪录片人，人们会坐在书房里，静静地观看他所留下的这一抹记忆。也许人们会问，八步沙的那些愚公们，他们的后人可曾活着，可曾留下家谱，他们的后人可曾继承他们的志业？

当然，他最想表达的还是凉州的盛景。一是五凉时代的文化兴盛，二是隋唐时代的艺术之光，三是明清之际的不夜书城。他用极其饱满的笔调热情歌颂了凉州给予中国的激情、乐章、舞姿。读着这些熟悉的文字，看着他镜头下不断闪回的历史画面，我竟然有生不逢时的喟叹。感谢永盛，他使我重回过去的时光。是的，你会觉得，凉州所有的历史都是你的历史，凉州所有的光荣与悲凉也是你的光荣与悲凉。

是的，对于一个始终想明了往昔今生的凉州人来讲，永盛的历史回溯和当下的影像纪录都是至为宝贵的。他讲了凉州的其他文士们少讲或未曾讲透的历史，也给我们留下了今天凉州人鲜活的身影。五百年或一千年之后，在这片土地上生活的后人们，他们要想知道五百年或一千年之前的自己先人的形象和声音以及他们的衣食住行，也许这是最好的记载和文物。

在这个时候，文字和影像天然地合成了。汉字重现光辉。

感谢永盛！

感谢凉州！

2020 年 2 月 29 日　于兰州

凉州的意义

——今天我们如何认识中国

返乡是我的命运

每次到家乡来办讲座，总觉得是近乡情怯。关于凉州，关于中国，关于世界，确实有一些个人的体会。作为一个学者。特别是我们这一代的学者，刚开始学习西方文化，学习世界文化，后来进入中国传统文化中学习，都是浅尝辄止。但是的确我们这一代人是从开始上学到现在一直在读书，所以我经常碰到老一辈的学者们，说你们比我们幸运。我说，为什么会幸运？他们说我们有很多年不在大学里，也有很多年没有接触到这么多的知识。你们这一代人不一样，一开始就在读书写作，一直这样，确实我也是如此，从来没有离开过大学。尽管到处去看，也去实践，始终没离开过大学。如果说我于1988年进入武威师范到今天，已经有三十多年了，三十多年从来没有离开过书本。读书到什么程度呢？我跟我的学生们讲，有两个原则：第一，每天睡五个小时，很多学生后来做不到，但是我长期以来是这样，这两年血压稍微不太稳，我会睡得稍微多一点；第二，过年只休息三天，其他时间几乎都在读书写作。就这样我觉得到今天，学问的大门才刚刚踏进。我们有那么多的学者都是口若悬河，觉得自己获得了真理，获得了知识，我非常怀疑，从我个人的角度是这样。

所以我有好多话要说。尤其我写《鸠摩罗什》的时候，或者再往前推。2012年开始从上海回到兰州，开始写"丝绸之路"系列，进入家乡的写作之中。这十年中间，我几乎把其他的学问都放下了，就做这一个学问。我也觉得才刚刚开始，尽管出版了十多本书。今天在座的好多学者肯定比我做得好，但是我依然要说，我们仅仅就是开始。前不久，在武威举办了我的《西行悟道》的研讨会，开完以后，王其英老师一方面把他的文章发给我了，一方面提了几条建议，他说里面有几处错别字和错误的地方，我非常感动。其实有两个问题我自己知道，有一个问题我真的不知道，也就是说，其实很多事情我们自己是不知道的，所以我今天特别真诚地希望家乡的同仁们给予批评指导。尤其我才研究十年，在这么短的时间里要说那么多的问题，肯定不够，所以我更多的是从一种宏观的思考上来讲凉州。第一，这个凉州肯定不是指我们凉州区；第二，凉州为什么会有意义？这好像是一个学问方面的问题，但其实既是形而上的，又是形而下的。文章的副标题是今天如何认识中国，也就是说，把凉州与中国这样一个命题紧密地联系起来。大学里面的教授们过去做学问，不用考虑中国，只考虑世界，也不用考虑政治。不用考虑国家的需要是什么，只考虑自己怎么做学问就可以了。但是在这两三年之内，国家社科项目等很多项目已经慢慢地变了，在国家社科办、教育部等很多部门设计项目的时候已经不太考虑个人的需要，整体上考虑国家需要，或者说再往大里做，人类命运共同体的需要是什么？然后在这个题目之下来选你的题目。个人的学问、研究、创作等，能不能和国家走到一起，也就是能不能相遇。如果能够相遇，你就能申请到国家项目。但是相反，如果我们都是坐在书斋里面去思考，而且我们思考的问题是别人已经思考过写作过的问题，那就不可能获得。所以我今天谈的这个表面上看起来是一个学术性的问题，实际上是一个关乎到我们命运的问题。就是凉州的命运和中国的命运如何联系在一起，如果联系不到一起，我们未来怎么走，就是一个问题。这就是说为什么写凉州。

今天早上我们七点钟出发，路上拍了好多雪景，在吃牛肉面的时候，我一边吃饭，一边写了一首很短的诗：

> 返乡
> 越过黄河，翻过乌鞘岭
> 祁连山上白雪皑皑
> 祁连山下河西六兄弟一字摆开：
> 武威、金昌、张掖、酒泉、嘉峪关、敦煌
> 在一场大醉后，他们等待播种与旅行
> 一只雄鹰在天空中迎接我们

而我们在一滴露珠的梦里早已提前抵达

嗷，母亲

我们回来了

　　其实我想说的是，今天讲的凉州，往小里说就是这六兄弟的事情，再往小里说就是武威的事，武威主动承担了解释凉州的一个角色。这六个兄弟，今天我们来看，张掖、酒泉、敦煌可以说是旅游强市，嘉峪关和金昌是工业强市，武威是农业强市。那么，我们除了农业还有什么呢？就是文化。所以，未来武威就是靠文化。前面我和张国才院长讨论，再过两年高铁通了，我们讨论这么多文化，还不能够把我们的旅游发展上去，我们得不到实的东西，我们就太虚。这个世界从来都是一阴一阳谓之道。我们讲这么多文化，就是为了给未来做准备。这就是我今天想讲凉州的一个原因。

　　这首小诗为什么叫《返乡》，荷尔德林说诗人的天职是返乡。每一个人走出去，每一次的返乡，其实返回的不是过去的那个家乡，也不是其他人看见的家乡，而是他内心构建起来的一个新的家乡。我小时候觉得我们家的院子特别高，门特别高。上小学的路特别的远。后来上大学的时候才发现，也不太远，门也不是很高。这两年去的时候觉得院子太低，门太低，去小学的路是那么近。因为现在都是靠汽车来出行，周围的很多东西都在变化。其实我们经常都在重新构建自己的家乡，但是往往不知道。只有出去的人，每一次回来都会有不同的想法。再举个简单的例子，我们每一个人在不同年龄段讲述自己的过去都会有不同。进一步来讲，为什么每一个国家、民族会在不同时期重新讲述自己的历史，把一部分去掉，是因为有新的思想，重新构建一个新的家园，所以历史是不断被改写的，历史永远没有固定的历史。这其实就是写作，尤其是作家对这种体验非常深。

今天我们如何构建凉州

今天我们如何认识凉州？我们现在讲凉州的文化，大家都觉得这是作家和历史学家的事情。我原来也是这样想的，现在不这样想了。现在我觉得研究历史和文学的，的确应该讲这个地方的文化，因为他们是书写者。但是讲得不实。比如今天我给大家讲，今天如何认识祁连山，如何认识河西走廊，光靠历史学家和文学家能够吗？认识祁连山必须要地理学家来认识，必须要地质学家来探测，还要生物学家来证实。举个非常简单的例子，在敦煌以西有柴达木盆地，那个地方原来是河西走廊的最西端。在《山海经》中，这个地方是西王母最珍贵的药材的产地，但是两千多年以后，这个地方已经成为荒漠了。可可西里当年也是，今天已经是无人区。如果我们用今天的文学和历史来讲述是远远不够的，你到那个地方去什么都发现不了，只能靠科学家。祁连山是喜马拉雅山的北麓，每年以 7 公分到 10 公分的速度在上升，这个事情肯定不是文学家、历史学家说了算，一定是地质学家和地理学家来证实。两千年以来，我们这个地方上升了多少公分，大家可以算一下。所以早期可以看到在这个地方可以养蚕，魏晋壁画砖中就可以看到这些场景，还可以看到凉州的织布染布在当时是中国第一，现在大家都不说了，为什么呢？看不见了。中国第一在凉州有好多，比如书法第一，洞窟第一，最有名的就是畜牧。凉州畜牧甲天下。从窦融开始一直持续到了元代，凉州的畜牧一直都是中国第一。六畜兴旺，六畜最早就是西北有的。整个中国是由什么构建起来的，肯定不是我们搞历史和搞文学的人能够想象到的。所以我说它一定是多学科的人重新认识凉州的过程。我们今天认识凉州，必须依靠各个学科。

还有一点，我们今天考古都是在大地上考古，这个是完全有道理的，但是要认识上古文化，大地上的一切是不够的，你必须到天空中去考古，因为星空是我们的方向。北极星每年发生的方位的变化，跟北斗七星的变化，就指定了我们的中心在哪里。这个后来变成了堪舆学，是流传在民间的一门非常玄的学问。星空的变化跟大地息息相关，比如早上我来的时候太阳非常好，我给我的学生们说，武威的太阳真好，站在那一下就热了。所以我小时候太阳一出来就立马出来晒太阳。但在兰州就不是这样，太阳不是很热。我第一次到兰州上学，发现太阳是从东北出来，不是东方。一直到大学毕业，这个还没改过来。后来慢慢地这些年好像已经习惯了。武威的方向是非常正的，就是指南针指定的方向，东西南北。兰州的方向不是太正，它是根据黄河的方向。所以每一个地方都有自己的地理方位。

这就是今天讲座的背景，我写了七点，但肯定是比七点要多。

第一，在"一带一路"建设中，西北、甘肃、凉州如何发展。每一个西北人都在找这个答案。我接受过包括新华社在内的很多媒体的采访。国家对这个地方的定位非常准确。没有让你发展成为经济特区，因为现在还不具备这样的条件，未来也许会，因为我们在汉唐时期就是经济特区。但是现在是文化基地建设，在文化基地建设中，有两个地方非常重要，一个是天水，另一个就是武威。这就是武威在"一带一路"中如何找准自己的位置。

第二，复兴中华文明中，凉州有什么价值、作用和贡献。我们觉得凉州这么边缘，复兴中华文明跟我们有什么关系。我相信搞非遗的朋友们在想我这就是传承，还有很多。但大多数觉得跟凉州没什么关系。如果这样想就错了，你不可能摆脱国家的大局，我们需要找准自己的位置，要找项目，找自己的贡献，找自己的恰如其分的学术发展的定位。

第三，优秀传统文化如何创造性转化，凉州能发挥什么作用？这是今天最重要的命题。从《话说五凉》到《西行悟道》，再到今天，我逐渐认为凉州是可以为传统文化的创造性转化、中华民族的复兴作出重要贡献的。2015年的时候，国家有个部门开展了一个"一带一路"的讨论会，甘肃就选了我一个人去。全国大概选了20位专家，去之后安排我第一个发言，因为我写了一系列文章。我说在今天东南甚至是中东部都已经被现代化完全覆盖的这样一个背景之下，整个中国的西部还保存着非常完整的中国传统文化。所以，复兴传统，"一带一路"的建设，西部是可以作出大贡献的，尤其是在文化复兴方面，西部至关重要。我认为知识分子的使命不是谁给予的，知识分子的使命是天定的。我也相信历代以来的大哲们永远都不是皇帝让他干什么他就干什么，他们恰恰是躲藏在深山之中，探讨天地的治理，观察人性，观察物性，格物致知，然后总结出人类和这个世界的真理，在此基础上确立道，给这个世界提供一种参考，这就是知识分子真正的使命。

　　但我们有多少知识分子有这样的命运去承担这样的使命呢？很少。司马迁在《太史公自序》和《天官书》中说五百年出一个圣人，《天官书》很少有人去看，因为在司马迁之前，没有任何文献来说《天官书》的相关内容，它说的就是星空与大地的关系。什么叫"究天人之际"？这篇文章说得非常清楚，三十年有一小变，百年有一中变，五百年有一大变，每三次大变为一纪，三纪之中所有变化都经历一遍了，这是天体运行的大致规律。我们现在说的百年未有之大变局就是从这里来的。这是人类历史上也只有中国人第一次对人类的命运，对天地人的命运进行非常准确的总结。但是我们不知道怎么去解释它，一直到了北宋时候的邵雍，写了一本书叫《皇极经世》，这本书太难了，几乎没有人读懂。他从甲辰年尧继位开始，一直对后来3600年的历史进行一个系统的总结，他对人、对物、对生命、对天地所有的命运，都总结出了一套规律。朱熹在他的基础上发明了理学，司马光在他的基础上写出了《资治通鉴》。但是后世把邵雍遗忘了。所以司马迁说五百年出一个圣人，他说从周公到孔子是五百年，为什么呢？他从礼的角度来讲，周公发明了礼乐之教，五百年之内，所有的事物都在变，就正如马克思主义所讲的没有什么是不变的，《易经》的道理也是这样，万事万物都在变，跟我们每一个人都一样，都要有生有死，都要经历生、长、旺、病、老、衰、死，这是八个，还有四个，总共十二个，是按照十二地支来说的，这个学说不在官学，在民间。

第四，解读传统文化，凉州的巨大优势在哪里？前面说到，孔子在见过老子之后，一下觉得自己学识太浅了，所以他回来跟自己的学生讲，我遇到了真龙。大概是从五十岁开始，孔子接触到了《易经》，但是始终没有把它当回事。大家都知道，只有人在命运不济的时候，命运无法掌控的时候，人才可能向人力无望的神或者其他的力量求助，人都是这样。孔子也一样。所以孔子在五十六岁开始研究《易经》，后来把它编纂成十易，这叫《周易》。又写了另外一本书《春秋》，《春秋》写了两百四十年的历史。我们今天对《春秋》的理解非常的浅薄。真正的理解是对照《周易》来理解，三百八十四爻和春秋的所有的历史互相可以对比。这就是我们刚刚去世的刘再复先生所讲的，中国的历史都是巫史传统，巫和史可以互证。每一段历史都可以用周易来印证，而每一爻也可用历史来印证。孔子的六经是非常完整的。我们今天把它认为是迷信。为什么叫六经，因为有六爻，所以《诗经》是风雅颂赋比兴，为什么是六个？因为来自《易经》。所以三和六的数字非常好，这就是来自中国古老文化。到了魏晋时期，三玄兴盛，三玄指的就是老子、庄子、《周易》，一下就成了道家的东西，所以儒家的《周易》也就逐渐淡忘了，道家又和佛学联系起来，越来越玄。

此时凉州这个地方便发生了作用，中原的大学问家因为战乱没有办法培养学生，因为凉州非常平安，郭荷、郭瑀便来到了凉州东山寺这个地方开始了讲学。这就是凉州的文脉开始彰显的时候，他们来之后讲的便是"六经"。大家如果有兴趣可以去看看商代的甲骨文，甲骨文有 80% 以上全是占卜的东西。这就是古代的历史，我们要尊重古代，我们复兴传统，要去理解传统。理解传统，首先要尊重传统，所以说凉州有巨大的优势去解读传统，这便是第四个方面。

第五个方面是如何构建新的文明？凉州能够做什么？当下有很多人想要改变凉州，想要把凉州变为一个工业化城市，这其实很难，每个城市各有各的使命，各安其命便好。中国文化和其他国家的解读方法不同。过去我们没有方法来解读，后来出现了一个人，叫钱穆，他带来了一个方法。但是许多人仍然用的是西方的一元论的方法。觉得人类应当有一个国家标准，人类的文明都应该按照雅典的模式进行衡量。那么雅典的模式是什么呢？有铁器，有文字，有城市。而按照这三个范畴划分，河西走廊没有一个地方是文明的，中国的北方也没有一个地方是文明的。为什么呢，因为彼时的中国北方都是游牧文明，游牧文明会进行迁徙，死了以后也不用墓葬，所以很难留下一些东西。如果说按照雅典的模式，我们什么都没有。

所以易中天先生说，中国的文化没有五千年，只有三千多年，那就是从甲骨文发现的那天开始算起。这用的是雅典的模式。后来我们中国人花了九牛二虎之力开始进行夏商周断代史的研究，终于通过良渚文化等各方面论证了中国有五千年的历史。

根据西方人的方式去证明中国历史，是一个巨大的难题。到现在我们中国的很多学者不知道怎么去判断，用假定的尺子来量我们的文明，量的时候发现不合适。我们今天复兴中华文明，便需要重新去考察，我们客观地去判断凉州能做什么？恰好凉州就是农耕文明的遗留地。这就是我今天特别想说的，凉州今天留下贫穷的地方，恰好是未来给世界贡献的地方。

凉州的起源

让我开始讲凉州文化的起源。我们要感谢今天这个时代给我们提供了一个非常完整的世界地图，每个人都可以拿到这个地图。大家可以看到很多学者已经根据学术研究发掘出来的图，叫禹贡九州图。讲的是在周代的时候，对大禹九州的一个假想。我个人认为这个假想，可能有很多失误的地方，因为河西走廊不在周代的版图中。禹贡九州图是我们早期，也可以说今天合起来的一个图，蒙古应该归到九州里面。我们西北被俄罗斯占领的一部分，也应该归到九州。这是一个巨大的版图。我们可以看到，它的中心并不在今天的河南，而在今天的陕西和庆阳地带。黄帝在这个地方不停地走来走去，写出了《黄帝内经》。今天庆阳人没有把这个文化做好，没做好的原因是因为他们对这样一套思想不熟悉。我们今天学历史的人没思想便构建不出这个世界，不能理解古人。中国人遇到的难题便在这里，百年之后我们重新思考中国的文明，那就必须去理解，要理解你得用中国古人的思想去理解这个道理。

我们知道人从智人变成人，火是非常重要的。在《山海经》里面，说这个地方的人吃的是熟食，那个地方人吃的还是生食。生的和熟的是不一样的，动物大多数吃的是生的，所以他就是有野性，只要吃了熟的东西，慢慢地就变了。

所以我想问，火在哪里发明的？

我跟大家说一个地方，火烧沟。可能有人去，在嘉峪关酒泉这一带，据说这一带就是燧人氏发明火的地方，并且开始观测天象。这个时候据说在三万年前，三万年对比我们五千年，真的是太远了。

有了火，就能拿河边的土和水烧制陶器，人类的发明开始了。这就是彩陶的产生。我前两天去专门考察了甘肃唯一的一个陶瓷场，平川的陶瓷厂。那个导游跟我说，要烧制陶瓷需要三个条件：第一个条件是需要陶土；第二个是碳，因为只用柴火的温度是不够的；第三个条件，必须得有水。这下就明白了，为什么我们的马家窑文明，我们的很多文明都是在水边，这个水边必须还得有煤炭，还得有陶土。

今天我们说黄河源头在哪？《史记》里说黄河水是从昆仑山的西北部发端，然后进入罗布泊，罗布泊的水渗出来，通过柴达木盆地，再经过祁连山的西南，再从积石山这个地方进涌而出。史书说得非常清楚，但是中国的学者真的是不看史书吗？竟然连一些大家学者都不把它当回事儿。为什么？是因为我们历史学家不用科学，只是用自己的眼睛。这就是我们近代以来的问题。近代以来都是以今天的方法去认识，怎么可能认识古代。我们必须通过科学去认识。黄河的源头在新疆，神话的起源在哪？在雍州的昆仑。雍州在哪里？在凉州，当然是广义的凉州。你看，凉州的意义多大。黄河的源头也在这边，神话的源头也在这边。上古的很多概念都从这里开始。这个地方多么重要。可是我们古代都不知道。

最重要的东西就是历法，从哪里来？中国人在今天为什么五千年文明不断？历法是非常重要的一个原因。但是现在我们断了。今天是什么日子？今天是壬寅年，壬寅月，这就是五四之前流传的天文历法。大家可能觉得这是玄学，但当你对人类的历法，对科学，对所有的东西探索以后，对知识融会贯通以后，自然会理解，你会认同有些东西。壬寅年也是六十年才能遇到一次，在中国人的历法中是一个轮回，会发生很多变化。

为了破除迷信这两个字，我花了十几年的时间。一定要把它讲成科学，成为中国传统文化的创造性转化。为什么要变成科学？因为科学是经过反复论证之后被认为是正确的。八卦就是八个方位。太极我们今天说是道，道到底是什么？我们有多种解释，总之太极生阴阳，阴阳是从什么时候发生？应该是从立冬到立夏。因为立冬这个地方开始一阳生，然后立夏，特别是夏至这个地方，开始一阴生。这叫阴阳。阴阳里面开始出现四象，四象是四个方向。春风、秋风、冬至、夏至，这个不就是我们今天的科学吗？然后再给它立了四个方向和季节，立夏、立冬、立秋、立春。这就是八卦的方位。八个方位必须按照从左到右的方式走。所以为什么左为大，为什么走路一定从左到右，这是按照太阳给我们规定的生命路线。这就是先人给我们的定义，也就是孔子所说的日用而不觉的道。太阳给我们规定了所有的东西，我们都是道法自然。这是中国的文化。太阳历是一年十个月，我们今天是一年十二个月。太阳历就是上古时的人们用的，这是《河图》里数字的来历。

在《洛书》这个图中，有一个房子的格局图。北边是书房，就是中心。每一个家庭盖房子，首先在这个点上打一个桩，房子从这里开始盖起，这叫一阳生。所以盖房子都是道在运行，不是简单地盖房子。现在很多人家都把老家的院子都改成楼房。我并不赞成。我们一定要按照中国传统的方法去做。门所对应的四个黑点叫虚位，白点叫阳。大门、后门、厕所、厨房都在这四个虚点上。四合院的形式就是这样。然后皇帝就是按照这个方法来分九州，他坐在北面，左东右西，左边是文官，右边的是武将。我们整个河西走廊，为什么说把河西走廊打下来说断匈奴之右臂？断匈奴之右臂，匈奴在北边，向南看，河西走廊是右边，所以说把匈奴右臂断掉了。打下以后，我们展开臂膀，这叫张掖。当时的张掖其实不是今天的张掖，应该是武威天梯山下的张掖县。我们按照这种方式去理解历史的时候，非常简单，因为这是思想的方法，也叫心法。

总之，在上古时代，世界上所有的民族都在研究星空，都在研究历法，而现在只有中国人保留了历法的解释。中国人又创造了另外一个历法，这就叫星辰历，就是我们刚刚说的天干地支。

星辰历是什么？每一个日子都会对应天空中间的某一颗星星，这叫星辰。但是我们相信西方的历法之后，我们把自己的历法丢弃了。早期的天文学，古代的中国人不断地在研究星空，在星空里面给自己定位。女娲补天的原理就是测量星空，女娲伏羲庙里女王的塑像，上面拿的是尺规。伏羲拿的是尺，女娲拿的是规，他们两个都是早期测量星空确立历法的人，或者说掌握天象的人，其实都是科学家，只不过后来被我们神话了。

需要挖掘的凉州文化

今天我们还有很多文化没有被发掘和研究。首先是吐谷浑史考古研究，这是我们今天必须解决的，这是国家层面上的。

第二，西夏文化的研究与挖掘。研究西夏文化的器物、所组建的文化，是非常重要的。它跟吐谷浑文化一样，是今天我们民族文化的重要体现。

第三，吐蕃文化、羌文化的研究。吐蕃文化已经很迟了，羌文化很重要，还有月氏文化、匈奴文化，各历史阶段存在的有影响的文化，我们都要进行研究。

第四，简牍文化研究。简牍学非常重要，现在甘肃把它作为"4+1"报给国家的一流学科进行建设，简牍学是其中之一。

第五，祁连山生态治理。这个需要科学治理。如果下次开会我们要研究五凉的话，一定要听地理学学者的意见、生物学学者的意见、经济学学者的意见，甚至旅游学学者的意见，他们就会告诉你今天武威、河西的旅游和经济的发展要将文化与社会完全融为一体。还有沙漠的治理甚至利用，是今天人们一个最重要的课题。

第六，贤孝和河西宝卷的挖掘研究，还有红色文化的研究。这些可以成为国家级课题，也能给国家作出很大贡献。所以我今天讨论的全部都是凉州，作为一个很小的地方，能够给整个国家和人类带来什么样的贡献？

构建凉州需要重新处理昆仑，昆仑不是一个简单的昆仑山。首先昆仑是一个文化的昆仑，需要找回文化自信。

第二是确立西北人的文化属性。

第三，所有的历史都将成为今天凉州重新崛起的力量源泉，尤其是文旅发展和建设。我们今天要重新构建凉州，就是要以这里寻找力量，重新寻找出发点。

第四，以凉州为方法，复兴中华文明，构建新的宇宙命运共同体。我们在人类命运共同体的基础上又加了一个宇宙命运共同体。为什么这样？因为人类命运共同体依然是一个人的世界，宇宙命运共同体就是一个生态治理，就是习近平总书记讲的生态文明。

第五，凉州大有作为，正当其时，天时地利人和不可阻止。敦煌是凉州的西端，它是属于大凉州的部分。习近平总书记在敦煌与河西走廊视察的时候，他在敦煌研究院座谈时的讲话中指出，敦煌是推动中华优秀传统文化创造性转化、创新性发展的地方。我们要学习敦煌的发展方法，同时也要把它的一些东西拿来，构建凉州学。从一定意义上讲，凉州学就是河西学。

图书在版编目(CIP)数据

凉州的六叶花瓣:凉州文化论稿/徐兆寿著. —
上海:上海人民出版社,2023
ISBN 978-7-208-18326-1

Ⅰ.①凉…　Ⅱ.①徐…　Ⅲ.①地方文化-武威-文集
Ⅳ.①G127.423

中国国家版本馆 CIP 数据核字(2023)第 096350 号

责任编辑　陈佳妮　任健敏
封面设计　胡　斌　刘健敏

凉州的六叶花瓣
——凉州文化论稿

徐兆寿　著

出　　版　上海人民出版社
　　　　　(201101　上海市闵行区号景路 159 弄 C 座)
发　　行　上海人民出版社发行中心
印　　刷　上海商务联西印刷有限公司
开　　本　890×1240　1/32
印　　张　8
插　　页　2
字　　数　160,000
版　　次　2023 年 9 月第 1 版
印　　次　2023 年 9 月第 1 次印刷
ISBN 978-7-208-18326-1/G·2152
定　　价　45.00 元